샘물교회와 박은조 목사의 작지만 건강한 교회 세우기

박은조 지음

생명의말씀사

ⓒ 생명의말씀사 2013

2013년 10월 15일　1판　1쇄 발행
2014년　1월 31일　　　　3쇄 발행

펴낸이 | 김창영
펴낸곳 | 생명의말씀사

등록 | 1962. 1. 10. No.300-1962-1
주소 | 서울 종로구 경희궁1길 5-9(110-062)
전화 | 02)738-6555(본사)・02)3159-7979(영업)
팩스 | 02)739-3824(본사)・080-022-8585(영업)

지은이 | 박은조

기획편집 | 유선영, 서정희, 장주연
디자인 | 조현진, 최윤창
인쇄 | 영진문원
제본 | 정문바인텍

ISBN 978-89-04-16436-3　(03230)

저작권자의 허락없이 이 책의 일부 또는 전체를
무단 복제, 전재, 발췌하면 저작권법에 의해 처벌을 받습니다.

추천사_

건강한 교회를 세우려면 이 책을 지침서로 활용하라

그래도 교회가 희망! 맞다. 교회는 늘 그 시대적 상황 속에서 변하지 않는 하나님 나라 복음을 세상에 드러내도록 부르심을 받은 사람들이다. 샘물교회는 이 시대에 어떤 교회가 되어야 할지 고민하고 분투함으로 세워진 교회이다. 임직자 임기제, 평신도 목회자, 가정교회, 기독교학교, 분립개척 등등 많은 시도가 이루어져 왔다. 이렇게 앞서 나가며 건강한 교회를 세운 샘물교회 성도들과 박목사님께 경하의 박수를 보내며, 이 책을 건강한 교회를 세우려고 분투하고 있는 성도들과 사역자들에게 귀한 연구서와 지침서로 추천한다.

— 김형국 목사(나들목교회 담임)

이 따뜻한 이야기가 한국 교회 속으로 흘러가기를

박은조 목사님은 따뜻한 감성과 신중한 결단을 목회의 여정에서 실천해 오신 분입니다. 샘물교회가 걸어온 분립 개척의 역사가 이를 분명히 증언합니다. 최근 한국 교회가 많은 내우외환을 겪는 중 조용하지만 단단히 개혁을 이루어 가는 샘물교회의 이야기는 우리에게 큰 울림을 가져다 줍니다. 『그래도 교회가 희망이다』라는 제목 자체가 본서가 말하고자 하는 논지를 그대로 보여줍니다. 이 책을 접하는 독자들은 교회가 최후의 희망인 것을 다시 발견하고 감사하게 될 것입니다. 이 따뜻한 이야기가 한국 교회 속으로 흘러가기를 바라는 마음으로 일독을 권합니다.

— 송태근 목사(삼일교회 담임)

교회는 하나님이 이 땅에 남겨 두신 유일한 희망입니다

오늘날 세상은 교회를 향해 손가락질하고, 비난의 화살을 겨누는 데 급급합니다. 그러나 확실한 것은 교회는 하나님이 이 땅에 남겨 두신 유일한 희망이자 그루터기라는 것입니다.

이 땅에서 '아직' 주님의 성품을 닮고자 피 흘리기까지 분투하는 그리스도인들이 있는 한 '그래도' 한국 교회는 희망이 있습니다. 『그래도 교회가 희망이다』는 이 사실을 노래하고 있습니다. 박은조 목사님의 30년 목회 여정과 그 중심에 선 샘물교회의 이야기를 읽으면서 한국 교회를 향한 희망의 빛 한 줄기를 발견할 수 있었습니다.

이 책을 통해 하나님의 생명공동체인 교회가 어떻게 세워지고, 성장하며, 또 다른 교회를 낳아서 세상을 섬기는지를 보여주는 과정은 많은 이들에게 흥미진진하면서도 은혜로운 영적 여정의 경험을 가져다 줄 것이라고 믿습니다.

— 이찬수 목사(분당우리교회 담임)

프롤로그

하나님과의 동행을 꿈꾸며 걸어온 목회 30년

샘물교회가 한창 양적으로 성장하던 2005년 무렵, 한 출판사의 제안으로 샘물교회의 사역 이야기를 책으로 내기로 결정했습니다. 개척 6년 만에 어린이를 포함해서 3,000여 명의 성도들이 출석하게 되었고, 개척 8년 만에 4,000명에 육박하는 성도들이 출석하는 교회를 소개하는 것이 나쁘지 않다고 생각했습니다. 지금 돌이켜 그때를 생각하면 참 부끄럽지만, 당시에 저는 책을 내자는 출판사의 제안에 우쭐해서 그렇게 하기로 했습니다.

사역자 회의 때 책 출판을 하겠다고 얘기했더니 아프간에서 순교한 고(故) 배형규 목사가 반대했습니다. 평소 자기의 의견을 그렇게 분명하게 말하지 않던 사람이 강하게 반대를 하고 나섰습니다. 그 출판사는 하나님보다 사람을 너무 부각시키는 경향이 있고, 박 목사님과는 이미지가 맞지 않으며, 그리고 샘물교회 이야기를 책으로 쓰기에는 너무 빠르다는 것이었습니다. 듣고 보니 맞는 말이었습니다. 결국 책 내는 것을 연기했습니다.

세월이 많이 지난 지금, 마침내 그때 생각했던 책을 내게 되었습니다. 그동안 배형규 목사는 아프간 백성을 가슴에 품고 먼저 천국으로 갔습니다. 저는 샘물교회의 임기를 마치고 샘물교회의 다섯 번째 분립 교회인 은혜샘물교회를 지난 2012년 4월 1일 시작했습니다. 샘물교회는 제2대 담임목사인 최문식 목사님이 같은 날 부임해서 새로운 출발을 했습니다.

30년 목회 사역과 샘물교회 사역을 정리하는 중 생명의말씀사에서 책을 내자는 제안을 해 주어 이 책을 낼 결심을 했습니다. 부족하기 짝이 없는 사역이지만 하나님과의 동행을 꿈꾸며 30년 동안 걸어온 목회 길을 정리해 보는 것은 남은 사역을 위해 필요한 일이라고 생각했습니다. 그리고 혹시 뒤따라오는 후배들과 성도들에게 작은 도움이라도 된다면 큰 기쁨이겠습니다. 부족함이 너무도 많은 연약한 자가 자신의 허물을 감추고 하나님이 베푸신 은혜를 나누려고 합니다. 부디 혜량하시고 읽어 주시기 바랍니다.

이 책을 위해 애써 주신 생명의말씀사에 감사를 드립니다. 신약 교회의 회복을 꿈꾸며 이 책을 샘물교회, 샘빛교회(지금은 하늘샘교회), 판교샘물교회, 다우리교회, 좋은나무교회, 그리고 은혜샘물교회에서 사역자로, 목자로 섬기고 있는 모든 동역자들에게 바칩니다.

2013년 10월
박은조

목차

추천사_ 김형국, 송태근, 이찬수 · 04
프롤로그_ 하나님과의 동행을 꿈꾸며 걸어온 목회 30년 · 06

1부 ● 하나님이 주신 꿈, 교회 분립 운동을 이어 가다

1장 하나님의 교회이지, 내 교회인가?
_다섯 번째 분립 교회를 시작하며 · 14

하나님이 기뻐하시는 교회 분립 운동 · 파란만장 은혜샘물교회 첫 예배를 드리기까지 · 위대한 하나님의 교회를 꿈꾸며

2장 교회 분립 운동의 모태, 서울영동교회 · 24

손봉호 박사를 만나다 · 나이 서른셋의 어린 담임목사 · 설교 잘한다는 칭찬을 의식하지 말라 · 거부당한 목사 안수 · 목사님만은 그러지 않으면 합니다 · 유학 길에서 만난 고(故) 안대욱 선교사 · 제자 훈련을 꼭 할 것인가 · 모든 사역자들의 생활비를 균등하게 · 6년의 질주와 안식년 · 선배들을 배우고, 선배들을 넘어서라 · 건강한 교회를 세우는 운동

2부 ● 작지만 강한 샘물교회, 그리고 분립 교회

1장 샘물교회를 개척하다 · 54

목사님이 가야 할 이유는 없습니다 · 교회 개척에 비전이 전혀 없었습니다 · 거부할 수 없는 하나님의 부르심 · 서울영동교회의 네 번째 분립 교회에 파송 받다 · 눈을 감아도 돈 걱정, 눈을 떠도 돈 걱정 · 하나님 때문에 굶어 본 적이 있는가 · 17년 목회 자료 파일을 다 버리다 · 목사가 아닌 하나님의 사람들이 세우는 교회 · 돈, 사람, 전략을 하나님께 구하라 · 교인 50명에 교역자 13명 · 작은 믿음을 꾸짖으신 하나님 · 성도들의 투표 가운데 하나님이 주신 이름, 샘물 · 교회란 과연 무엇인가 · 창립 멤버가 없는 교회를 만들자 – 목사, 장로 임기제 · 재정 원칙 · 정회원 제도 · 온 교회가 축복하는 유아 세례 · 하나님이 홍보해 주신 교회 · 장로들, 재정 결재권을 내려놓다 · 말아톤복지재단 설립 · 5% 구제 사역, 사랑마루 무료 급식소

2장 샘물교회 사역의 핵심
_가정 교회와 기독교 학교 · 112

가정 교회로의 전환을 결심하다 · 담임목사처럼 섬기는 평신도 목회자 · 마지막에 만난 장벽 · 샘터 조직을 가정 교회로 바꾸라 · 고 배형규 목사가 담당했던 첫 목자 수련회 · 기독교 학교 운동의 출발점 · 미션 스쿨이 아닌 기독교 학교 운동 · 기독교 학교와 교회 학교 · 다시 하나님의 도장을 받다 · 사람을 세우시는 하나님 · 어떻게 헤어지는 것이 아름다운가 · 새로운 둥지로 인도하시다

3장 아프간 피랍사건, 그 진실과 오해 · 168

아프간 단기 봉사 팀이 피랍되다 · 아프간 피랍 사건 Q & A · 성도들의 성숙한 대응 · 잊지 못할 하나님의 사람들 · 피랍자들의 부모님들 · 가장 어려웠던 순간 주께서 주신 깨우쳐 주신 것 · 고 배형규 목사와 고 심성민 형제, 그리고 그 가족들 · 또 다른 형규 · 모든 성도들에게 주신 순교의 영성

3부 ● 동역자들이 본 샘물교회

1장 참을 수 없는 교회 사랑
_ 김승겸 목사(원천침례교회) · 202

박은조 목사님과의 오랜 인연 · 부교역자가 행복한 교회 · 인격적인 리더십 · 귀 얇은 목사님 · 소수를 포기하지 않는 다수결 · 진보적 스펙트럼 · 손봉호 장로님과의 관계 · 남자 성도들이 좋아하는 설교 · 분당 지역에 딱 맞는 목회 · 참을 수 없는 동역자 사랑

2장 기다려 주고 같이 가는 리더십
_ 이찬형 교장(샘물중고등학교) · 222

선교지 영국에서의 첫 만남 · 울타리 리더십 · 기다려 주는 리더십 · 같이 가는 리더십 · 좋은 아버지, 좋은 남편 · 한국 교회 앞에서

3장 한국 교회의 신호등
_ 황지영 교수(고려신학대학원) · 230

박은조 목사님과의 만남 · 부교역자들을 섬겨 온 목사님 · 여사역자들의 목사님 · 성도를 동역자로 보는 목사님 · 대안적 교회를 일구어 오신 목사님 · 장로 권사 임직식 · 목사 장로 임기제 · 영혼 구원을 열망하는 울보 목사님 · 가정 교회와 아프간 피랍 사건 · 한국 교회의 신호등

에필로그_ 교회가 이 땅의 소망이 되길 꿈꿉니다 · 246

1부

하나님이 주신 꿈, 교회 분립 운동을 이어 가다

1장

하나님의 교회이지, 내 교회인가?
_ 다섯 번째 분립 교회를 시작하며

서울영동교회에서 17년간 담임목사로 사역한 박은조 목사는 세 개 교회를 분립 개척한 후 모든 것을 내려놓고 네 번째 분립 개척 교회인 샘물교회를 스스로 개척해 나왔다. 그리고 2012년, 샘물교회에서의 14년의 임기를 마치고 또다시 모든 것을 내려놓고 용인 동백 지역에 샘물교회 교인 150명, 판교샘물교회 교인 20명과 함께 은혜샘물교회를 개척했다.
이로써 은혜샘물교회는 서울영동교회에서 네 번째로 분립 개척한 샘물교회의 다섯 번째 분립 개척 교회가 되었다.

> 교인 1만 명 이상의 대형 교회가
> 사회에 선한 영향력을 끼칠 수도 있겠지만,
> 규모가 작은 교회가 사회에
> 선한 영향력을 주는 사례도
> 얼마든지 있습니다.

하나님이
기뻐하시는
교회 분립 운동   샘물교회는 서울영동교회의 네 번째 분립 교회입니다. 교회 분립 운동은 하나님이 기뻐하시는 운동이라고 확신했기 때문에 샘물교회도 자연스럽게 분립 교회를 세우기 시작했습니다.

그 첫 번째 교회가 샘빛교회입니다. 서울영동교회 집사 출신으로 신학 공부를 하고, 샘물교회 개척에 동참했던 성경득 목사가 부목사로 섬기던 중 수지로 파송을 받게 되었습니다. 지금은 동백에 작고 예쁜 예배당 건물을 세우고, 이름을 하늘샘교회로 바꾸었습니다. 성경득 목사는 인도네시아 선교사로 떠났고, 문찬경 목사가 담임목사로 섬기고 있습니다.

두 번째 분립 교회는 판교샘물교회입니다. 제가 샘물교회 담임목사직과 겸임해서 섬기기 시작했고, 지금은 은혜샘물교회와 함께 섬기고 있습니다. 판교샘물교회와 샘물중학교가 함께하고 있기 때문입니다.

현재 판교샘물교회는 동사 목사인 윤만선 목사가 앞장서서 섬기고 있습니다. 동사 목사 제도는 교단 헌법에는 없지만 단순한 부목사가 아니라 후임이 될 수 있는 목사로서, 사역을 상당 부분 위임받아 섬기는 목사입니다. 출석 교인이 어린이를 포함, 500여 명 정도의 규모이지만 샘물중학교를 감당하는 이 모델은 큰 의미가 있다고 생각합니다.

세 번째 분립 교회는 다우리교회입니다. 샘물초등학교 교목으로 섬기고 있던 임경근 목사가 개척의 꿈을 가지고 기도하던 중 당회의 허락을 받아 몇몇 가정의 성도들과 함께 구성 지역에서 목회를 시작했습니다.

네 번째 분립 교회는 좋은나무교회입니다. 이 교회를 섬기고 있는 방영균 목사는 대학 1학년 때부터 저와 함께 서울영동교회에서 지내며 신학을 했고, 샘물교회 개척에 동참했으며, 샘물교회 장학생으로서 국내 대학에서 박사 학위 과정을 공부했습니다.

제가 샘물교회를 떠날 준비를 하고 있던 무렵에 방 목사를 담임목사로 청빙해 가려는 교회가 있었지만, 그는 개척 교회의 소명을 주님께로부터 받았다고 했습니다. 방 목사의 마음에 개척의 비전을 주신 분이 하나님이심을 저도 확인할 수 있었습니다.

따라서 저와 함께 파송 받을 성도 200명 중에서 50명을 방 목사와 함께 좋은나무교회를 세우는 데 파송해 달라고 당회에 요청했습니다. 감사하게도 당회가 이를 허락해 주어 네 번째 분립 교회가 세워졌습니다.

파란만장
은혜샘물교회 첫 예배를
드리기까지 저는 샘물교회와 판교샘물교회의 담임목사로 섬기다가 샘물교회를 퇴임했습니다. 원래 예정은 2011년까지는 샘물교회 사역을 하고, 후임자를 선정한 후 2012년 상반기에는 후임자와 함께 지내다가 하반기에는 안식년을 갖고, 2013년 연초에 200명의 성도들을 파송 받아서 샘물교회의 다섯 번째 분립 교회를 세우려고 했습니다.

그런데 한 장로님이 이런 지적을 했습니다.

"후임 목사님이 나이가 어린 것도 아닌데 목사님과 함께 설교하면서 얼마간 같이 지내는 것은 무리한 일이지 않겠습니까?"

생각해 보니 그랬습니다. 교회의 사역 계승이라는 측면에서는 필요한 일이었지만 후임 목사님의 입장을 미처 충분히 고려하지 못했다는 생각이 들었습니다. 잠시 고민했습니다. 그때 하나님이 다른 생각은 하지 말고 일단 후임 목사님의 마음을 편하게 해 주라는 마음을 주셨습니다.

2011년 12월, 후임 목사님이 부임하는 2012년 4월 1일부터 저는 분립 교회로 가고, 후임 목사님이 사역을 시작하자고 당회에서 결정을 내렸습니다. 장로님들이 논의해서 결정하기에는 민감한 문제였기 때문에 제가 먼저 나서서 교회를 위해서 이렇게 하는 것이 좋겠다고 말하고 정리했습니다.

이로써 2013년 1월에 시작할 것이라고 생각했던 교회를 2012년 4월에 시작하게 되었습니다. 준비 기간이 3개월 10일 정도였습니다.

당회의 결정이 있은 다음 날 수지의 한 교회를 방문했습니다. 샘물교회는 건축 때문에 빚을 많이 지고 있었습니다. 후임 목사님께 큰 짐을 남겨 두고 가는 상황에, 분립 교회를 하면서 재정 부담을 주지 않는 것이 좋겠다고 생각했습니다. 그래서 학교 강당이나 다른 교회 건물을 오후 시간에 빌려 쓰는 안을 생각하고 있었습니다.

평소 예배당을 빌려 쓰려고 생각만 하고 있던 세 교회 중 한 교회를 방문하고 돌아오는데 동백의 J목사님이 전화를 했습니다. 당장 만나자고 해서 그날 오후에 만났습니다.

6년 전에 개척을 해서 작은 예배당까지 지어 놓은 J목사님은 선교사로 떠난다면서 제게 그 교회를 맡아 달라고 했습니다.

'동백으로 부르시는 하나님의 음성인가?'

그런 생각으로 J목사님과 논의를 시작했습니다. 제가 이렇게 제안했습니다.

"저는 샘물교회의 다섯 번째 분립 교회를 섬겨야 합니다. 그래서 목사님이 섬기던 교회를 맡을 수도, 합병할 수도 없습니다. 그러나 우리는 지금 당장 예배 처소가 필요하니까 당분간 제가 두 교회를 한 지붕 아래에서 섬길 수는 있습니다. 1-2년간 그렇게 두 교회를 섬기다가 저는 샘물중고등학교가 자리를 잡는 곳으로 가야 합니다. 그때쯤 목사님이 섬기는 교회의 후임 목사님을 세우고 나오는 것은 가능할 것 같습니다."

J목사님은 동의했습니다.

그 교회의 리더들 30여 명과 만나서 대화를 나누었습니다. 그 자리에 모인 리더들이 만장일치로 동의하는 것을 보면서, 저는 공동의회에서 90% 이상의 성도들이 동의하면 진행하겠다고 했습니다. 공동의회에서 90% 이상의 찬성이 나왔습니다.

다음 단계로, 노회 임원들에게 그 교회의 임시 당회장직을 맡겨 주면 얼마간 섬기다가 후임 목사님을 세우고 저는 샘물중고등학교가 세워지는 곳으로 떠나겠다고 설명했습니다. 노회 임원회가 이를 허락했습니다.

이로써 모든 절차가 끝났습니다. 저는 하나님이 동백으로 부르신다고 확신했습니다. 샘물교회에서는 동백에서 시작되는 다섯 번째 분립교회에 참여할 150명의 성도들을 선착순으로 받는다는 광고가 나갔습니다.

이렇게 동백으로 가도록 인도하심을 받았는데, 문제가 생겼습니다. 교회 내부에서 생긴 여러 복잡한 일들로 한 지붕 두 교회의 꿈이 무산

되었습니다.

긴급 기도를 하면서 예배 처소를 다시 구하던 중 웨스트민스터 신학대학원 강당을 빌리게 되었습니다.

2012년 4월 1일 주일, 이곳에서 샘물교회에서 파송 받은 성도 150명과 판교샘물교회에서 파송 받은 성도 20명이 함께 모여 은혜샘물교회의 첫 예배를 드렸습니다.

동백으로 부르심을 받고 온 지 불과 10개월밖에 되지 않은 시점이었습니다. 주께서 샘물중고등학교와 교회 부지로 동백 상하동의 땅 8,000여 평을 놀라운 방식으로 허락하셨습니다. 우리가 기도한 것 이상으로 응답하시는 하나님의 은혜를 다시 한 번 경험하게 하셨습니다. 하나님을 찬양합니다.

샘물교회 개척 초기에 분당 동원동의 땅 1만 평을 사면서 복지용으로 5,000평을, 학교용으로 5,000평을 쓰기로 했습니다. 그러나 안타깝게도 지금도 이 땅은 개발 허가를 받지 못하고 있습니다. 이제 새로운 곳에서 복지와 교육과 선교를 위해서 주님이 주신 꿈을 따라 나아가려고 합니다.

샘물교회를 퇴임할 때 장로님들은 사랑마루와 말아톤복지재단을 제가 맡아야 한다고 주장했습니다. 저는 작은 교회가 어떻게 그 짐을 지겠느냐며 극구 사양했습니다. 하지만 장로님들이 다음과 같이 강권했습니다.

"이 사역들이 샘물교회에서 시작된 것이기는 하지만 이미 연합 사역이 되었고, 후임 목사님이 감당하기에는 부담스러운 일입니다. 그러니 목사님이 맡아서 섬겨야 합니다."

제가 보기에도 그 말은 일리가 있었습니다. 해서 제가 이 두 가지 사역을 계속해서 맡기로 했습니다. 장애인 사역과 구제 사역도 이제 용인 지역에서 새롭게 시작해야 할 과제입니다.

위대한 하나님의 교회를 꿈꾸며

이렇게 해서 시작된 샘물교회의 다섯 번째 분립 교회인 은혜샘물교회는 지난 2013년 4월 7일, 1주년 감사예배를 은혜 가운데 드렸습니다.

은혜샘물교회는 "모든 사람을 예수 그리스도의 제자로 삼기 위해 존재한다"는 사명을 가지고 "주님의 몸 된 교회를 세워 가는 분립 개척 운동의 꿈을 이어 가며, 가정 교회를 통한 제자 훈련을 계속한다"는 비전을 가지고, 지역 사회를 아름답게 섬기는 교회가 되기를 소망하고 있습니다.

무엇보다 저는 은혜샘물교회를 섬기면서 모든 성도들이 하나님으로 인해 기쁘게 신앙생활을 할 수 있는 교회를 세우고자 합니다. 그런 기쁨을 가지고 비신자를 예수 그리스도의 제자로 삼는, 위대한 하나님의 교회가 되기를 바랍니다.

어떻게 하면 저와 성도들이 기쁘게 신앙생활을 할 수 있을까 늘 고

믿하면서 저는 오늘도 평원지기와 초원지기, 그리고 목자들과 함께 은혜의 샘물을 마시며 행복한 사역을 감당하고 있습니다.

2장

교회 분립 운동의 모태, 서울영동교회

1990년 3월 서울영동교회에서 시작된 분립 교회는 2012년 4월 은혜샘물교회의 첫 예배를 드리기까지 본교회를 합해 모두 12개가 되었다.

오늘날 위기의 한국 교회가 살아남기 위해서는 1만 명 모이는 대형 교회보다 1,000명 모이는 교회 10개가 더 필요하다. 이제 지역 교회 성도들을 블랙홀처럼 빨아들이는 대형 교회가 아니라 솔선수범하여 섬기고 나누는 교회로 전향해야 한다.

> 교회 분립의 목표는 성숙입니다.
> 한 교회만 계속 있었으면
> 교회가 그렇게 자라지 못했을 것이고,
> 또 그렇게 건강하지도 못했을 것입니다.

손봉호 박사를 만나다

1981년은 제가 신학대학원 3학년이 되던 해입니다. 1월 1일 새해 아침에 금년의 공부가 끝나고 나면 좋은 목사님 밑에서 배울 수 있는 기회를 달라고 하나님께 기도했습니다. 1월 3일, 경주에서 열린 SFC(학생신앙운동) 동문회 수련회에 갔다가 당시 동문회 회장이었던 손봉호 박사님을 만났습니다. 졸업하면 서울영동교회로 와서 자신을 도와 달라며 동역을 요청했습니다. 저는 새해 아침의 기도가 응답되었음을 확신했습니다. 그해 11월 말, 2학기 시험을 마치자마자 서울 강남구 논현동에 위치한 서울영동교회 사역자로 부임했습니다.

손 박사님을 처음 만난 때는 제가 대학생이었던 1972년 무렵이었습니다. 당시 저는 SFC에 속해 활동하고 있었는데, 손 박사님도 SFC 출신이었습니다. 막 유학을 마치고 돌아와서 외국어대학에 있으며 SFC 수양회마다 참석해 말씀을 전해 준 손 박사님은 당시 대학생들에게 롤모델이었을 뿐 아니라 신선한 충격 그 자체였습니다.

손 박사님을 강사로 초빙해 전국 대학을 돌면서 "어디로 가고 있는가?"라는 주제로 강연회를 열었습니다. 당시 경남 지방 SFC 위원장이었던 제가 경남대학의 강연회 준비를 맡아 섬겼는데, 경남대학의 큰 강당이 청년들로 가득 찼던 그날이 기억납니다. 손 박사님의 강의는 그리스도인으로서 어떻게 살아야 할 것인지 명확하게 그 방향을 제시해 준 신선한 도전이었습니다.

1976년 강남 개발이 한창 진행되고 있을 때 마포구 공덕동에 있는 성원교회가 강남에 살고 있는 교인들을 파송해서 서울영동교회를 개척했습니다. 그분들이 종로 5가에 있는 서울중앙교회의 손봉호 박사님께 담임목사님을 모실 때까지 설교를 해 달라고 부탁을 해서 서울영동교회가 출범하게 되었습니다.

손 박사님의 폐부를 찌르는 설교에 사람들이 모이기 시작했습니다. 개척에 동참한 S장로님이 땅을 기증해서 예배당을 건축했는데, 제가 부임했던 1981년도에는 이미 교회 건물이 완공되어 있었습니다. 어른 출석 교인이 200명이 채 안 되었을 때인데 2층 본당이 105평이고, 지하 교육관과 1층 교육관까지 합하면 작지 않은 예배당이었습니다. 손 박사님은 30-40평 정도의 예배당을 짓자고 제안했는데, 장로님들이 앞으로 교회가 성장할 텐데 너무 작으면 안 된다고 해서 제법 큰 예배당을 짓게 되었다는 얘기를 전해 들었습니다.

나이 서른셋의
어린 담임목사

서울영동교회에 부임한 이듬해인 1982년 8월 중순, 교회의 여름 프로그램이 끝난 뒤 손 박사님 내외분이 우리 부부를 집으로 초대했습니다. 그리고는 자신들은 이제 교회 사역을 그만둘 거니까 앞으로 저더러 교회를 맡으라고 했습니다. 저는 깜짝 놀랐습니다. 그때 서울영동교회는 장로님이 여섯 분이나 세워져 있었고, 아주 든든한 교회로 성장하고 있었습니다. 모여든 성도들은 모두 손 박사님을 존경하고, 그분의 설교에 은혜를 받은 사람들이었습니다. 저는 조금의 주저함도 없이 분명하게 말씀드렸습니다.

"손 박사님, 말씀은 감사하지만 경험도 없는 제가 맡을 수 있는 교회가 아닌 것 같습니다."

손 박사님이 온갖 수고를 다해 개척한 교회를 어린 저더러 맡으라는 말씀에 진심으로 감사했습니다. 그러나 제가 맡을 수 있는 교회가 아니었습니다. 심방을 하면서 성도들과 얘기해 보면 모두 손 박사님을 예수님 동생쯤 되는 분으로 존경하는데, 이런 성도들을 나이 서른에, 경험이 일천한 제가 어떻게 담임목사로서 이끌어 갈 수 있겠습니까? 있을 수 없는 일로 여겨졌습니다.

손봉호 박사님은 장로님들이 후임 목회자를 청빙하는 일을 자신에게 위임해 주었다고 말하면서, 자신의 생각으로는 신학대학원을 막 졸업한 젊은 목회자가 와서 교회와 함께 자라 가는 것이 좋겠다고 했습니다. 후임으로 저를 떠올려 보긴 했지만 저에 대해 아는 것이 별로 없어서 신학대학원 교수님 한 분께 추천을 부탁했더니 즉시 저를 추천했다고 합니다. 해서 주저하지 않고 제게 동역을 요청한 것입니다.

어린 저를 손 박사님이 담임목사 후보로 천거했지만 성도들이 받아들이기에는 난제가 많았습니다. 그런 교회 내부의 사정을 잘 알고 있었기 때문에 저는 이 교회의 담임목사가 되고자 하는 생각이 전혀 없었습니다. 특히 손 박사님을 존경해서 모인 성도들을 감당하기에는 역부족임을 잘 알고 있었기 때문에 담임목사직을 탐낼 수도 없었습니다.

장로님들은 다른 방안을 계속해서 찾았습니다. 경험 있는 목사님을 모시는 것도 검토되었습니다. 저는 손 박사님으로부터 교회를 맡아야 한다는 말을 듣기는 했지만 이 교회에서 부목사로 조금 섬기다가 때가 되면 목회하기에 적당한 교회로 가면 되겠다는 생각을 하며 기쁘게 신앙생활을 하고 있었습니다.

하지만 결국 우여곡절 끝에 나이 서른셋에 저는 서울영동교회의 위임목사가 되었습니다. 부목사가 되면 적당할 나이와 경력을 가진 사람이 위임목사가 되었으니, 모든 사람들이 놀랄 만한 일이었습니다. 하나님은 경험이 일천한 사람도 쓰신다는 것을 보여 주신 것입니다.

설교 잘한다는 칭찬을 의식하지 말라

서울영동교회에 부임한 후 처음 제가 맡은 일은 새벽 기도회 인도와 수요일 설교, 여전도사님과 함께 성도들을 심방하며 돌보는 것, 중고등부 학생들을 지도하는 것이었습니다. 그리고 외부에 있는 당회장 목사님과 교회 사이에서 연결 고리 역할을 하는 것도 제 일이었습니다.

그중에서도 가장 부담되는 사역은 설교였습니다. 서울에 오기 전에는 비록 신학대학원 학생이었지만 주일 밤이나 수요일 밤에 설교를 하고 나면 성도들이 은혜 받았다고 인사를 하곤 했습니다. 그러나 서울영동교회는 예배를 마친 후 인사를 나눌 때 전혀 반응이 없었습니다. "은혜 받았습니다" 하는 상투적인 인사말도 없었고, 설교에 대한 어떤 말도 성도들이 하지 않았습니다. 그렇잖아도 부담되는 설교인데 반응이 없으니까 참 힘이 들었습니다. '내가 시원찮아서 반응이 없는가 보다' 하고 생각할 수밖에 없었습니다.

한참 지난 후에야 손 박사님이 성도들에게 설교를 들은 후 은혜 받았다는 말을 하지 말라고 훈련시켰다는 것을 알았습니다. 그 말을 듣고 나니 조금 위로가 되었습니다.

얼마 지나지 않아 손 박사님은 주일 낮 예배 설교를 한 달에 한 번 제게 맡겼습니다. 저로서는 아주 충격적인 일이었습니다. 목사 안수도 아직 받지 않은 강도사에게 주일 낮 예배 설교를 맡기다니!

제가 온 힘을 다해 주일 설교를 하고 나면 반응이 다양했습니다.

"차근차근 얘기하지 않고 고함은 왜 지르냐."

"논리적이지 못하다."

"너무 뻣뻣하다."

"자연스럽지 못하다."

시골에 있으면서 연세 드신 목사님을 모시고 사역할 때는 성도들로부터 설교 잘한다는 평을 받곤 했습니다. 이전 교회에서는 제가 신학대학원 3학년이었지만 선임 부교역자였기 때문에 담임목사님이 매 주일 밤 설교를 맡겼습니다. 그 교회는 주일 낮 예배에 나오는 성도들의 숫자와 주일 밤 예배에 나오는 성도들의 숫자가 거의 비슷했습니다. 어린 신학대학원 학생의 설교였지만 반응이 아주 뜨거웠습니다. 그러나 서울 교인들의 반응은 그렇지 못하다 보니까 설교하는 것이 점점 부담되기 시작했습니다.

어느 주일날, 오후 예배 설교를 했습니다. 그날따라 특히 제 자신의 설교가 마음에 안 들었습니다. 설교를 마친 후 낙담하며 힘없이 서재에 앉아 있는데 전화벨이 울렸습니다. 울면서 전화한 사람은 교회 중고등부 교사를 하고 있는 E집사님이었습니다. 나이가 40쯤 된 그분은 우리 교회의 최고 멋쟁이였고, 믿음 좋은 여집사님이었습니다. 외국인 회사에 근무하면서 충성스럽게 교회를 섬기던 그 집사님의 전화는 제 설교 사역의 분기점이 되었습니다. E집사님은 울면서 이렇게 말했습니다.

"오늘 강도사님의 설교를 제가 7년 전에 들었으면 저는 이혼하지 않고 가정을 지켰을 것입니다. 저는 7년 전 남편이 저를 배신했을 때 이혼하는 것이 당연하다고 생각했습니다. 예수님을 믿은 후에도 그 생각은 변함이 없었습니다. 그런데 오늘 강도사님 설교를 듣고는 제가 잘못했다는 것을 깨달았습니다. 하나님이 주신 소중한 가정을 지키기 위해 노력을 더 했어야 했습니다. 쉽게 이혼을 한 것은 아니지만 그러지 말았어야 했다는 것을 깨달았습니다. 그랬다면 제 인생은 완전히 달라졌을 것입니다."

그분은 7년 전에 이혼을 하고 싱글이 된 분이었습니다. 그날 저는 가정과 부부에 관한 설교를 했는데, E집사님은 가정에 대한 그런 설교를 처음 듣고 너무 도전을 받아 울면서 집으로 갔고, 집에 도착해서 제게 전화한 것이라고 했습니다.

순간, 장모님의 말씀이 생각났습니다. 언젠가 아내가 장모님 앞에서 이 사람이 설교의 은사가 있는 것 같다고 말했습니다. 그때 장모님이 이렇게 말했습니다.

"아무리 좋은 설교를 해도 은혜 못 받는 사람이 있기 마련이고, 시원찮은 설교다 싶어도 은혜 받는 사람이 있다는 것을 기억해라."

그날 비로소 그 말씀의 의미를 깨달았습니다.

'내게 이런 피드백이 오지 않아도 그동안 내가 했던 설교에 도전받고, 은혜 받은 하나님의 백성들이 있었다. 앞으로도 내가 열심히 준비해서 설교하면 반드시 은혜 받는 사람이 있기 마련이다. 설교 잘한다

는 칭찬을 의식하지 않고, 은혜 받을 그 사람을 위해서 열심히 준비해서 기쁨으로 전해야겠다.'

이런 깨달음을 얻은 후부터 설교에 대한 사람들의 평가에 크게 마음을 쓰지 않게 되었습니다. '오늘 이 설교에 은혜를 받고 인생이 달라질 누군가를 주께서 예비하셨을 것이다'라는 생각을 가지고 기대와 기쁨으로 단에 설 수 있었던 것은 그 자체만으로도 큰 축복이었습니다.

거부당한 목사 안수

강도사 3년을 마친 후 목사 고시를 치를 때가 되었습니다. 손 박사님은 장로님들을 설득해 저를 위임목사로 청빙하도록 했습니다. 그러나 노회에서는 저를 용납해 주지 않았습니다. 처음에는 다른 말을 하지 않고, 목사 고시 과목 중 두 과목에서 59점을 주었습니다. 그 과목을 맡은 Y목사님과 K목사님은 노회에서 주도적인 역할을 하는 분들이었습니다. 그리고 서울영동교회에서 목사가 아닌 손 박사가 설교한다고 늘 못마땅해했습니다.

저는 고시부 서기였던 I목사님께 제가 왜 59점을 받았는지 그 시험지를 보여 달라고 요구했습니다. 그 과목들은 특히 열심히 준비했고, 받은 문제에 대해 완벽할 정도의 답을 썼기 때문이었습니다. I목사님은 이건 시험의 문제가 아니라고 말했습니다. 나중에 저를 낙방시킨 목사님 중 한 분이 목사 고시는 시험지에 나타난 것만 가지고 치르는 것이 아니라고 시험을 치른 학생들 전체 앞에서 다시 말했습니다.

시험에 떨어진 것이 창피하기도 했고, '앞으로 과연 목사가 될 수 있을까?' 하는 답답한 마음을 다스리기가 어려웠습니다. 기도도 안 되고, 화만 잔뜩 났습니다. 마음이 다스려지지 않아 집으로 들어갈 수가 없었는데, 논현동 집 근처에 극장이 눈에 띄었습니다. 영화 두 개를 연달아 보고 나니 마음이 좀 가라앉았습니다.

6개월 후 떨어진 두 과목의 시험을 다시 치렀습니다. 이번에는 일단 과목은 합격시켜 놓고, 목사 안수를 줄 수 없다고 했습니다. 서울영동교회가 이렇게 어린 사람을 담임목사로 초빙한 것은 손 박사와 K장로가 교회를 마음대로 조종하려고 한 것이니까 목사 안수를 줄 수 없고, 위임목사로 세울 수 없다는 것이었습니다.

고시부와 임사부가 연석회의를 하던 중 저더러 들어오라고 했습니다. 그 자리에는 경기노회의 리더 역할을 하는 10여 명의 어른 목사님들이 앉아 있었습니다. 한 분이 "자네는 위임목사가 되어 봐야 허수아비가 되는 거야" 하고 말했습니다. 임사부장 C목사님은 제게 이렇게 말했습니다.

"목사 안수를 주면 당신은 손봉호 박사를 교회에서 내보내겠습니까?"

어린 목사를 세워 놓고 손 박사가 뒤에서 모든 것을 좌지우지할 테니까, 위임목사가 된 후 손 박사를 교회에서 내보내겠다고 약속하면 안수를 주겠다는 것이었습니다. 저는 이렇게 답했습니다.

"목사 안수를 주고, 위임목사로 세우는 것은 그런 것까지 알아서 목회하도록 허락하는 것 아닙니까? 목사를 세우면서 '누구는 강단에 세워도 좋다, 누구는 세우지 못한다, 누구는 교회에서 내보내라' 그러면서 허락하는 경우가 어디 있습니까? 모든 것을 맡겨 주시면 교회에 유익이 되는 방향으로 하겠습니다."

어른들 앞에서 당돌하게 말했지만 설득이 안 되는 것 같았습니다. 그때 한 분이 "봐라. 저 친구 목사 안수 줘도 되겠다" 하고 말했습니다. 또 다른 분은 "자네, 우리가 왜 안수 주는 문제를 가지고 고민하는 줄 알지?" 하고 물었습니다. 제가 "압니다" 하고 답하자, "그러면 자네 생각을 한번 얘기해 보게" 하고 말했습니다. 저는 다시 말했습니다.

"제가 나이는 어리지만 목사가 된다는 게 뭔지는 압니다. 교회에 대해서 책임지겠습니다. 그리고 손 박사님 문제는 제게 맡겨 주십시오. 교회의 유익을 위해서 어떻게 하는 것이 옳은지 판단해서 최선의 길을 찾도록 하겠습니다."

분위기가 조금 좋아지는 것을 느낄 수 있었습니다. 그리고 저는 이어서 얼마 전에 있었던 일을 이야기했습니다.

"한 달 전 저를 위임목사로 청빙하기 위한 공동의회 광고가 교회 주보에 나갔습니다. 수요일 저녁 예배 광고 시간에 K장로님이 앞으로 나와서 성도들에게 이렇게 말했습니다.

'박 강도사님이 우리 교회의 위임목사가 된다고 해도 우리 교회는 바뀌는 것이 아무것도 없습니다. 박 강도사님이 손 박사님의 지도를

받아 이전과 다름없이 교회를 이끌고 나갈 것입니다.'

그 말을 들은 저는 손 박사님과 모든 장로님들께 예배 후 모두 남아 달라고 했습니다. 그분들 앞에서 제가 물었습니다.

'저를 담임목사로 청빙하는 것이 형식적인 것입니까, 아니면 정말 제가 담임목사가 되어 일하라는 것입니까?'

한 분씩 답해 달라고 요청했습니다. K장로님께 먼저 답해 달라고 했습니다. 그분은 '당연히 담임목사님으로 모시는 거지요. 형식적인 담임목사가 어디 있습니까? 아까 그렇게 광고한 것은 부표가 많이 나올까 봐 걱정이 돼서 한 말이었습니다' 라고 말했습니다. 다른 모든 장로님들도 담임목사님으로서 일해 달라는 것이라고 말했습니다. 손 박사님도 교회를 책임지고 이끌어 갈 담임목사로 모시는 것이라고 말했습니다. 저는 그렇다면 청빙을 받겠다고 말했습니다."

제 얘기를 듣고 난 후 어른들의 분위기가 완전히 달라졌습니다. "저 친구 안수 줘도 담임목사로서 충분히 일하겠다" 하는 소리가 들려왔습니다. 그리고 저의 목사 안수를 결정하고, 서울영동교회의 위임목사로 세우기로 했습니다.

그때는 오후 3시가 넘은 시간이었습니다. 급히 성도들에게 연락했고, 손 박사님을 비롯한 여러 성도들이 저녁 7시에 시작하는 목사 안수식에 참여해 주었습니다.

목사님만은
그러지 않았으면
합니다

목사 안수를 받은 그 주간 새벽 기도회를 마친 후 '이제 이 교회의 목사로 섬겨야 하는구나' 하고 생각하면서 본당 앞자리에 앉아 있었습니다. 예배당 안팎을 휘이 둘러보는데 갖가지 생각이 떠오르기 시작했습니다.

'교회 등이 몇 개나 되지? 한 달에 전기세는 얼마나 나올까? 불이 나면 성도들이 빠져나갈 출구는 몇 개나 있나? 화재 보험은 들어 있나?'

3년 동안 강도사로서 교회를 섬겼지만 한 번도 해 본 적이 없는 생각이었습니다. 스스로도 놀랐습니다. 책임감이 그런 생각을 하게 만든 것이었습니다.

목사 안수를 받고 얼마 되지 않은 어느 날이었습니다. 새벽 기도회를 마치고 집으로 가는데 앞에 K권사님이 걸어가고 있었습니다. 인사를 나누고 잠시 함께 걷다가 골목에서 헤어지게 되었습니다. 그 골목길에서 저의 어머니보다 연세가 많은 노권사님이 제 손을 붙잡고 이렇게 말했습니다.

"목사님, 목사님의 나이가 몇 살이든지 간에 우리는 목사님을 영적 아버지로 생각합니다."

그 말을 듣는 순간 저는 길바닥에 주저앉고 싶은 심정이었습니다. 너무나 큰 충격으로 다가왔기 때문입니다.

목사 안수 후 첫 주일 예배가 끝나고 교회 마당에서 차를 마시면서 성도들과 한담을 나누고 있을 때였습니다. 한 장로님이 제 손을 이끌고 구석으로 데리고 갔습니다. 그때 그분이 해 준 말이 늘 귓가에 남아 있습니다.

"박 목사님, 성도들도 목사님이 사람인 것 압니다. 목사님을 보고 신앙생활을 하는 것이 아니라는 것도 압니다. 그러나 우리가 돈에 흔들릴 때 다른 사람은 몰라도 목사님은 그러지 않기를 바라는 것이 성도들의 마음입니다. 우리가 세상에 휘둘릴 때 다른 사람은 몰라도 목사님만은 그러지 않았으면 합니다! 그래서 우리가 목사님을 보면서 힘을 얻기를 기대한다는 것을 기억해 주기 바랍니다."

그런 자리가 목사의 자리였습니다. 이전에 미처 생각지 못한 것이었습니다.

'하나님이 이 자리에 부족한 나를 세우셨으니 감당할 힘도 주시겠지!'

이렇게 생각하기로 했습니다.

유학 길에서 만난

고(故) 안대욱 선교사   목사 안수를 받은 후 '이제 열심히 교회를 섬기리라' 결심하고 달려가고 있는데, 어느 당회 때 손 박사님이 저의 유학 문제를 꺼냈습니다. 한 살이라도 더 적을 때 다녀와야 한다는 것이 손 박사님의 생각이었습니다. 여섯 명의 장로님 중 두 분이 반대했습니다. 저도 '꼭 유학을 가야 하는가?' 하는 정도로 생각하고 있었습니다.

1년쯤 후 손 박사님이 다시 저의 유학 얘기를 꺼냈습니다. 반대하던 두 장로님이 그동안 생각이 변했습니다. 지금도 반대하긴 하지만 교회를 위해서 빨리 다녀오는 것이 좋겠다고 말했습니다. 손 박사님이 그분들을 설득했던 것입니다.

우여곡절 끝에 1987년 7월, 영국에 가서 공부를 시작했고, 1989년 10월 초순, 논문을 제출했습니다.

그리고 11월에 미국 필라델피아에 도착했습니다. L선배님의 배려로 이곳에서 아이들과 함께 자리에 눕고, 함께 일어나고, 아침 식사 후에 가족들과 함께 산책하면서 충분한 휴식 시간을 가진 후 귀국했습니다.

하루는 L선배님이 꼭 만나야 할 사람이 있다며 저를 데리고 나갔습니다. 맑고 깨끗한 인상을 가진 안대욱 선교사님을 그날 처음 만났습니다. 같이 식사하면서 그분을 도와 중국 선교를 위해 조금이라도 헌신해야겠다는 생각이 들었습니다. 그러나 그런 적극적인 말은 하지 않고, 서울에 오게 되면 연락을 달라고만 말하고 헤어졌습니다.

1990년 1월 둘째 주일에 안대욱 선교사님이 서울영동교회에 와서 설교를 하고 중국으로 갔습니다.

그해 가을, 동아시아선교회(EAM) 한국 모임을 조직하고 섬기기 시작했습니다. 중국 선교 23년 차를 맞는 지금 되돌아보면 동아시아선교회와 함께 중국을 섬긴 것은 다른 사람들이 쉽게 누리지 못하는 귀한 특권이었습니다.

2002년 4월, 안대욱 선교사님이 중국에서 순교한 후 사모님이 아이 셋을 데리고 미국으로 돌아가지 않고 남편이 섬긴 중국을 섬기겠다며 눌러앉았습니다. 남편을 그 땅에 묻으면서 자신의 무덤 자리도 함께 준비하고 사역을 시작했습니다. 10년이 지난 지금, 안대욱 선교사님의 묘비에 기록된 하나님의 말씀대로 한 알의 밀알이 떨어져 땅에 묻히므로 많은 열매를 맺는 역사를 보고 있습니다.

동아시아선교회는 중국 교회의 지도자 양성을 위해 오직 신학교 사역에 주력하면서 23년을 보냈습니다. 그 결과 지금은 조나단 챠오 박사가 중국 대륙에서 가장 좋은 신학교라고 평가할 정도로 좋은 열매를 맺고 있습니다. 참으로 감사한 일입니다.

**제자 훈련을
꼭 할 것인가**   대학 때부터 목회를 하면 제자 훈련을 해야 한다는 도전을 마음속에 늘 가지고 있었습니다. 서울영동교회의 사역을 맡으면서 윤종하 선생님으로부터 많은 훈련을 받았습니다. 그분이 성실하게 제자 훈련을 하는 모습을 보면서, 그리고 그분의 제자로 자라면서 '목회에서 제자 훈련을 어떻게 할 것인가?'를 고민했습니다. 영국에서 훈련받는 동안에도 계속 제자 훈련에 관해서 생각하고 고민했습니다.

1989년 말 한국에 돌아와 다시 목회를 시작하면서, 제자 훈련에 대한 확신은 있는데 정작 해 보려고 하니까 두려웠습니다. 옥한흠 목사님께 연락을 드려 사랑의교회 제자 훈련 과정에 넣어 달라고 부탁드렸습니다. "제자 훈련을 꼭 할 거냐?" 하는 질문에 "물론입니다. 꼭 합니다"라고 답했더니 오라고 했습니다.

한 주간 동안 옥 목사님이 인도하는 목회자를 위한 제자 훈련 과정에 참여하면서 자신감이 생겼습니다. 제자 훈련을 교회에 접목하는 방법을 배우고, 그에 대한 목회 철학을 견고하게 하는 기회였습니다. 당회에 제안했더니 다들 반대했습니다. "바쁜 목사님이 불과 10여 명을 데리고 1년 내내 훈련하는 것은 낭비다", "목사님 추종자를 만드는 결과를 가져오지 않겠느냐?" 등 여러 의견이 나왔습니다.

기도해 보자고 말한 뒤 두 달 후 당회에 다시 안건으로 내놓았습니다. 역시 마음이 모아지지 않았습니다. 두 달 후 다시 안건으로 내놓았습니다. 제 의지를 읽은 장로님들 중 한 분이 이렇게 말해 주었습니다.

"목사님이 이런 방법으로 훈련해 보겠다는 의지가 강하니까 목사님 뜻대로 하는 것이 좋겠습니다."

그제야 다들 동의해 주었습니다. 저는 장로님들께 이렇게 제안했습니다.

"연세 드신 장로님들이 제자 훈련 과정을 그대로 따라 하기는 힘드니까 약식으로, 원하는 분들만 같이 해 보십시다. 후배들이 무슨 훈련을 받는지 알기는 해야 하지 않겠습니까!"

수요 기도회 후 장로님들을 중심한 제0기 제자 훈련이 시작되었습니다. 3-4명의 젊은 장로님들은 제1기생들 못지않게 성실하게 숙제도 하고, 훈련을 받았습니다.

서울영동교회에서 남자 제자반과 사역반을 하면서 잊을 수 없는 한 형제를 만났습니다. L집사님으로, 그분은 당시 서울 외곽에 큰 창고를 짓는 일을 시작했습니다. 공사 진행 확인하랴, 은행 융자 끌어오랴 엄청 바쁜 중에 제자 훈련을 시작한 것입니다. 그렇게 2년 동안 제자반과 사역반을 이어서 했는데, 단 한 번의 지각도, 결석도, 조퇴도 없었습니다.

어느 날 저녁에는 "은행 융자를 신청했는데 지점장이 오늘 저녁에 만나자고 했습니다. 사역반 때문에 안 되니까 내일 만나자고 하고 왔습니다. 기도해 주세요"라고 말했습니다. 융자 신청은 무사히 이루어졌고 공사도, 훈련도 무사히 잘 마쳤습니다.

누구보다 바쁜 일정을 소화하면서 성실하게 훈련받은 L집사님은 나중에 장로로 섬기게 되었습니다. 무엇보다도 그분이 훈련을 잘 소화해 준 덕분에 '바빠서 훈련 못 받는다는 것은 거짓'이라는 신화가 교회 안에 만들어졌습니다.

그때부터 시작된 제자 훈련 사역은 2004년까지 제 사역의 기초가 되었습니다. 많은 열매가 있었습니다.

모든 사역자들의 생활비를 균등하게

영국에서 돌아와 사역을 본격적으로 시작하면서 1990년 말쯤 교회를 건강하게 세우고자 하는 시도 중 하나로 당회에 '모든 사역자들의 생활비를 균등하게 책정하자'는 안을 냈습니다.

동아시아 국제선교단체인 OMF 이사로 섬기면서 연륜이나 서열을 따지지 않고 모든 선교사들에게 필요를 따라 생활비를 주는 성경적 제도를 보면서 큰 도전을 받았습니다. 이 제도를 교회에도 적용할 필요가 있다고 생각했습니다. 교회는 세속 회사가 아니라 신앙 공동체이므로 공부를 얼마나 했든지, 나이가 얼마나 됐든지, 맡은 일이 무엇인지와 상관없이 같은 부르심을 받고 섬기는 동역자들이므로 같은 생활비를 받아 신앙 공동체를 더욱 건강하게 세우자는 주장이었습니다.

모든 당회원들이 놀라면서 반대했습니다. 교회가 신앙 공동체이므로 기존의 사례 제도를 고쳐야 한다는 것에는 동의하면서도 현실적인 어려움 때문에 반대했습니다. 모든 사역자들의 사례비를 담임목사의 생활비에 맞추어 올리면 너무 많은 인건비가 들고, 담임목사의 생활비를 낮추는 것은 안 된다는 것이었습니다. 다시 제안했습니다.

"제 생활비를 낮추더라도 이 제도는 꼭 실천하도록 합시다. 옳다고 생각되면 해 봅시다!"

제 주장을 당회원들이 받아들였습니다. 부목사, 여전도사, 사무직원, 관리집사 등 모든 전임 사역자의 생활비를 가족 수에 따라 지급하도록 결정했습니다.

가령 기본급 100만 원으로 시작하되 가족 1인당 15만 원씩 더하고, 부모님을 모시고 있으면 장인, 장모라도 가족에 포함시켰습니다. 모시고 있지 않은 생존하는 부모님에 대해서는 1인 가족 수당으로 더 주어서 자식으로서 부모님의 생활비를 지원할 수 있게 했습니다. 부모님이 돌아가시면 자연스럽게 그다음 달부터 생활비 지급에서 제외되었습니다. 아기가 태어나면 그 달부터 1인 생활비가 추가되었습니다. 장애인 자녀가 태어나면 2인 몫의 생활비를 지불했습니다.

교역자들에게는 도서비와 목회비가 주어졌고, 일반 직원들에게는 점심 값과 교통비 보조금이 주어졌습니다. 사택의 경우는 자기 집이 있으면 사택 관리비만 지원했습니다. 차량도 자기 차가 있으면 차량 관리비만 지불했습니다. 이런 방식의 사례 제도는 교회의 공동체성을 확보하는 데 큰 도움이 되었습니다.

6년의 질주와

안식년 1981년부터 1987년까지 강도사로 3년, 담임목사로 3년을 섬겼습니다. 그리고 2년 6개월 동안 영국에서 공부하다가 1989년 말 한국으로 돌아와 사실상 목회를 시작했습니다. 그 후 1994년까지 약 5년 동안 정말 열심히 섬겼습니다.

그러다가 그해 10월에 쓰러졌습니다. 목요일 저녁, 남자 사역반을 인도하던 중 피를 입으로, 코로 뿌리면서 쓰러져 병원으로 실려 갔습니다. 그리고 1995년 8월에 두 번째 연구년에 들어갔습니다.

건강 때문이 아니라 재충전을 위해서 연구년을 가지려고 했을 때 장로님들이 별로 좋아하지 않았습니다. 말은 안 했지만 '2년 반이나 나갔다 왔는데 6년 만에 또 나가려고 하냐. 공부는 그만큼 했으면 됐지, 뭘 또 하냐' 하는 반응이었습니다. 그러던 참에 제가 쓰러진 것이었습니다. 놀란 당회원들은 쾌히 두 번째 연구년을 허락했습니다.

다행히 병세가 심하지는 않았습니다. 뇌로 올라가는 정맥이 뇌 바로 밑에서 끊어져 피가 코로, 입으로 쏟아진 것이었습니다. 일주일 동안 병원에 있으면서 정밀 검사를 했지만 특별한 병명은 없었습니다. 과로와 스트레스를 피하고 운동을 하라는 충고를 의사에게 듣고 나왔습니다. 그때 이후로 지금까지 열심히 운동을 하면서 건강관리를 하고 있습니다. 지금은 하나님의 은혜로 40대 초반 못지않은 건강 상태를 유지하고 있습니다.

그때 병원에 누워서 기도하는데 '하나님이 내가 지금까지 걸어온 이 길이 아니라 무엇인가 다른 길을 가기 원하신다'는 생각이 들었습니다.

그동안 주일에 세 번 설교하고, 수요일 오전과 저녁에 두 번 설교하고, 새벽 기도회를 매일 인도하고, 일주일에 소그룹 모임을 서너 개씩 하면서 심방도 다 했습니다. 그때까지만 해도 주일 예배에 출석하는 어른 성도들의 수가 700-800명 정도로, 부목사들에게 다 맡기기에는 어중간한 규모였습니다. 특히 제가 40대 초반의 젊은 나이였고 건강했기 때문에 열심히 뛰지 않을 수 없었습니다.

퇴원한 후에는 부교역자들에게 많은 일들을 위임했습니다. 성도들도 박 목사가 어지간히 열심히 했다고 여기며 불평하지 않아 감사했습니다.

**선배들을 배우고,
선배들을 넘어서라**   서울영동교회의 담임목사가 된 후 하나님은 많은 분들을 통해 저를 가르치셨습니다.

윤종하 선생님은 1년간 교회에서 담임목사가 해야 할 훈련 프로그램을 대신 해 주었습니다. 큐티 훈련을 비롯해서 가정 예배 인도법, 소그룹 인도법을 리더들 앞에서 시연해 보이면서 가르쳐 주었습니다. 주일 저녁마다 "율법과 복음", "하나님의 나라" 등 주옥같은 강의를 해 주었습니다. 서울영동교회가 세워져 가는 데 기초가 되는 가르침을 주었습니다.

저 역시 개인적으로 윤 선생님의 제자 훈련 과정에 들어가서 1년 이상 가르침을 받았습니다.

하용조 목사님의 가르침을 잊을 수 없습니다. 당시 하 목사님은 건강 때문에 연예인 교회를 사임하고 한국기독교선교원 원목으로 있으면서 비교적 한가하게 지내고 있었습니다. 우리 교회에서 주일 설교도 자주 했고, 저와 개인적으로 만나는 기회도 자주 가졌습니다. 담임목사님을 밑에서 배울 기회가 없었던 제게 목회 선배로서 많은 조언을 해 주었습니다. 특히 "손 박사님과 함께 설교하면서 손 박사님을 배우고, 손 박사님을 넘어서라"고 도전해 준 것은 소중한 가르침이었습니다.

김인수 장로님과 김수지 권사님은 가정 사역의 스승이 되어 주었습니다. 우리 부부는 훈련을 받기 위해 두 분이 인도하는 부부 세미나에 참여했습니다. 너무 도전이 되는 좋은 훈련이었습니다.

당시 저는 OMF에서 이사로 섬기면서 이사장이었던 김 장로님을 통해 많은 것을 배우고 있었습니다. 그래서 부부 세미나를 우리 교회에서 우리 부부가 인도할 수 있도록 도와 달라고 요청했습니다. 장로님은 쾌히 허락해 주었고 강의 노트를 주면서 마음대로 고쳐 쓰라고 했습니다. 그리고 다음 세미나 때 와서 참관하면서 강의가 어떻게 진행되는지 살피라고 했습니다.

우리 부부는 지금도 그때 배운 두 분의 가르침을 따라 '부부의 샘'이라는 이름으로 성도들을 섬기고 있습니다.

김북경 목사님은 영국에서 공부할 때 큰 도전과 가르침을 주었습니다. 어린 제게 김 목사님은 안식년을 갖는 동안 강단을 맡아 달라고 부탁했습니다. 어린 저를 동역자로 대해 준 과분한 대접이었습니다.

2년 반 후 런던 생활을 마치고 떠난다고 연락을 드렸습니다. 언제 가느냐는 질문에 다음 주일에 교회에 가서 목사님과 성도님들께 인사하고 가겠다고 말씀드렸더니, 이번 주말에 집회를 하자고 했습니다. 통화한 날이 월요일인데 당장 금요일부터 집회를 하자는 것이었습니다. "우리 성도들이 박 목사님 설교를 들을 기회를 꼭 주어야 합니다"라는 그 과분한 격려의 말을 잊을 수가 없습니다.

그때 저는 큰 부담을 안고 한국으로 가야 하는 상황이었습니다. 손 박사님이 설교하고 가르치던 교회를 이제 담임목사로서 더 이상 미룰 수 없이 맡아 섬겨야 하는 상황이었습니다.

한없이 부담이 되어 당시 부목사로 섬기고 있던 김낙춘 목사에게 "내가 정말 서울영동교회로 가야 할까? 다른 길로 가면 안 될까?" 하는 편지를 보내기도 했습니다. 그런 제게 김북경 목사님의 격려는 '부족하지만 자신감을 가지고 섬겨야겠구나' 하고 느끼게 해 준 기회였습니다.

건강한 교회를 세우는 운동

제가 영국에 있는 동안 서울영동교회의 첫 번째 분립 교회 계획이 결정되었습니다. 강동구에 있는 한영학원의 시청각 교육실을 빌려서 1990년 3월에 시작되었습니다. 저와 함께 섬겼던 김낙춘 목사님을 담임목사로 세우기로 하고 그분을 미국으로 유학 보내기로 결정했습니다.

처음에는 손봉호 박사님을 비롯해서 김세윤 박사님과 저까지 설교에 몇 차례 참여하다가 손 박사님이 강단을 맡았습니다. 지금은 2년간 미국 유학을 마치고 돌아온 김 목사님이 담임목사가 되어 배재고등학교 강당에서 빛소금교회로 이름을 바꾸어 건강한 교회 운동을 잘

하고 있습니다.

두 번째 분립 교회는 일원동에 세워졌습니다. 평소에 가까이 지내던, 당시 개포중앙교회를 섬기던 배봉규 목사님이 찾아와서 "종교 부지를 받았는데 저는 브라질 선교사로 떠나야 하기 때문에 감당할 수가 없습니다. 서울영동교회가 맡아서 교회를 세워 주십시오" 하고 부탁했습니다. 서울영동교회 당회가 이를 받아들여서 종교 부지를 매입하고 예배당 건축까지 해서 성도들을 파송해 개포중앙교회 성도들과 함께 일원동교회를 설립했습니다.

담임목사를 누구로 세울 것인가 하는 문제로 많은 토론이 있었습니다. 파송 받게 된 다섯 명의 장로님들이 서울영동교회의 변종길 목사님을 세워 달라고 요청했습니다. 저는 반대했습니다. 당시 변 목사님은 서울영동교회의 장학생으로 화란에서 신학 박사 학위를 받고 돌아와 고려신학대학원에서 가르치면서 교회 사역도 일부 하고 있었습니다. 그분은 목회를 할 사람이 아니고 교수 사역을 해야 할 사람이기 때문에 처음부터 교회 개척을 위해 온전히 헌신할 목사를 세우자고 주장했습니다. 당회에서 투표까지 하면서 결국 변 목사님을 파송하게 되었지만 많은 어려움이 있었습니다. 현재는 채경락 목사님이 섬기고 있습니다.

세 번째 분립 교회는 서울남교회로, 서초동에 있는 교단 본부 건물 안에 세워졌습니다. 교단 본부 건물이 세워진 땅은 서울영동교회의 S장로님이 기증했습니다. 이 건물 안에 있는 강당에 교회를 세우기로 하고, 가장 가까이에 있는 서울영동교회가 맡아 달라는 요청을 받았습니다.

당시에는 부목사 중에서 파송할 만한 사람이 없어서 부산에서 사역하고 있던 황만선 목사님을 초빙해 교회가 시작되었습니다. 현재는 황영익 목사님이 시무하고 있습니다.

네 번째 분립 교회가 바로 분당에 세워진 샘물교회입니다. IMF 사태로 무척 어려운 상황이었지만 건강한 교회를 세우는 운동은 계속되어야 한다고 생각했습니다. 한창 개발이 진행되고 있던 수지에 목사를 파송하는 것이 좋겠다고 생각하고 부목사 가운데 A목사님께 제안했습니다. 얼마간 기도한 후 당회가 파송을 결정하면 가기로 마음을 정했습니다.

당회에서 미처 의논을 하기도 전에 하나님이 저를 부르시는 상황이 벌어졌습니다.

다섯 번째 분립 교회는 제가 서울영동교회를 떠난 후 일산에 세워진 일산전원교회입니다. 저는 A목사님께 함께 개척을 하자고 제안했지만, 그분은 제게 부담만 주게 될 것이라며 거절했습니다. 그 A목사님은 안창성 목사님입니다.

서울영동교회가 직접 분립 개척한 교회는 다섯 개이지만 그 후에 한영교회가 세곡동에 있는 다니엘학교 안에 다니엘교회(현재 박희명 목사님 시무)를 세웠습니다. 샘물교회가 분립 개척한 교회가 모두 다섯 개이므로 서울영동교회에서 시작된 분립 교회는 본교회를 합해서 이제 모두 열두 개가 되었습니다. 하나님의 은혜에 감사드리며 그분의 이름을 찬양합니다.

2부

작지만 강한 샘물교회, 그리고 분립 교회

1장

샘물교회를 개척하다

서울영동교회에서 17년간 사역한 박은조 목사는 하나님의 전적인 인도하심에 따라 분당에 샘물교회를 개척했다. 전혀 생각지도 않았던 개척, 그러나 거부할 수 없는 하나님의 부르심이었다.
우여곡절 끝에 상가 건물을 빌려 시작한 샘물교회는 6개월 만에 1,000여 명이 출석하는 중형 교회로 자리매김했고, 이후 개척 8년 만에 4,000여 명의 성도들이 출석하는 대형 교회가 되는 등 급성장의 물결을 탔다.
샘물교회는 가정 교회 운동, 기독교 학교 운동, 밀알투복지재단 설립 등 21세기 한국 교회에 다양한 화두를 던지며 위대한 교회가 되기 위한 꿈을 이루고자 구슬땀을 흘렸다. 성장이 아닌 성숙을 꿈꾸며 건강한 교회를 세우기 위하여.

> 목회의 부름을 받은 이후
> 특별한 계획도, 아이디어도 없었지만
> 하나님의 인도하심이
> 가장 중요했습니다.

목사님이
가야 할 이유는
없습니다

1년의 연구년을 마치고 1996년 8월에 한국으로 돌아왔을 때였습니다. "하나님, 이제 어떻게 해야 됩니까?" 하고 기도하는 가운데 학교 운동으로 가야겠다는 확신이 들었습니다. 논현동에서는 안 될 일이었습니다. 교인들은 늘어나는데, 근처에서는 엄청 비싼 땅을 사는 것이 불가능했고, 더군다나 학교 운영은 생각조차 할 수 없는 일이었습니다.

당시 서울영동교회는 주일 예배에 어른 성도들이 1,000여 명 정도 출석하고 있었습니다. 330평 정도 되는 그 자리에 건물을 전부 헐고 신축하자는 제안도 있었습니다. 그러나 모든 논의 끝에 가까운 곳의 학교를 인수해서 교회는 강당에서 하고, 학생들을 키우며 지역 전도를 해 보자는 쪽으로 방향을 잡고 여러 학교를 탐방하고 살펴보았습니다. 그런데 기회가 오지 않았습니다. 거의 확정 단계에 이른 경우도 있었지만 최종적으로 무산되는 경험도 했습니다.

그런 어려움을 겪고 있는 와중에 1997년 8월 무렵, 지방의 한 교회에서 두 분의 장로님이 저를 만나기 위해 제가 한 교회의 수련회를 인도하고 있는 현장으로 찾아왔습니다. 20명이 넘는 장로님들이 만장일치로 저를 은퇴하는 목사님의 후임으로 청빙하기로 했다는 얘기를 들었습니다. 제 마음이 움직이기 시작했습니다. 하나님의 인도하심이 아니면 이런 일이 생기지 않을 것이라고 느꼈습니다. 아내는 서울영동교회에 뼈를 묻어야 한다고 주장했지만 저는 가겠다고 답을 했습니다.

장로님들이 제게 왜 서울영동교회를 떠나려고 하는지 물었습니다. 저는 교회에 대한 불만이 있는 것은 아니고, 17년을 섬겼지만 기도한 대로 학교 인수의 길이 열리지 않고, 제가 이 교회에서 사역하는 것은 한계인 것 같다고 솔직하게 말씀드렸습니다. 다수의 장로님들이 떠나면 안 된다며 난색을 표했지만 저는 가기로 결정했다고, 죄송하다고 말씀을 드리고 회의 자리에서 나와 버렸습니다. 그리고 지방의 그 교회로 전화해서 예정을 앞당겨 다음 주일에 광고를 하고, 그다음 주일에 저를 초빙하는 공동의회를 열어 달라고 요청했습니다. 은퇴를 앞둔 J목사님은 상황을 이해하고는 알겠다고 대답했습니다.

그런데 주일 오후에 서울영동교회 장로님들이 회의를 마치고 대표 몇 분을 제게 보냈습니다. 그중 한 장로님은 이렇게 말하며 펑펑 울었습니다.

"목사님이 가야 할 이유가 없습니다. 만약에 목사님이 얘기한 그것 말고 이유가 없다면 여기 계셔야 합니다. 이건 옳지 못합니다. 온갖 비전을 다 제시해 놓고 지금 와서 다른 교회로 간다는 것은 말이 안 됩니다."

그리고 이어서 이렇게 말했습니다.

"목사님, 우리가 의논을 했습니다. 내년 봄에 적어도 20-30억 정도 헌금을 해서 현금을 손에 쥐고 인수할 학교를 찾아봅시다. 지금 돌파구가 없어서 이렇게 목사님의 마음이 흔들리고 있으니, 그 방법이 어떻겠습니까? 지금부터 기도를 시작해서 내년 적당한 때에 헌금을 하고 본격적으로 우리가 이 길을 가겠습니다. 그러니까 가면 안 됩니다."

이렇게 말하는데 참 힘들었습니다. '어떻게 해야 되나?' 하고 월요일부터 목요일까지 나흘 동안 기도를 했는데, 그 며칠 동안 하나님이 중요한 몇 가지를 보여 주셨습니다.

최종적으로 떠나지 않기로 결정했습니다. 친구들이 "너는 지방으로 올 필요 없다"고 조언해 준 것도 도움이 되었습니다. 목요일 아침에 그 교회에 전화를 해서 공동의회 소집 광고가 주보에 나가지 않도록 해 달라고 말씀드렸습니다.

그 일이 9월 초에 일어났는데, 그해 연말에 IMF 사태가 터졌습니다. 앞으로 헌금을 해서 새롭게, 열심히 해 보자고 의논했지만 나라가 흔들리는 판에 무슨 헌금을 하겠습니까? 모든 것을 원점으로 돌려놓고 조용히 기도하면서 하나님이 주시는 때를 기다리기로 했습니다.

그리고 1998년 7월, H목사님과 L목사님이 분당에 개척을 하라고 도전하면서 하나님이 새로운 길을 제 앞에 열어 주셨습니다.

**교회 개척에
비전이
전혀 없었습니다**   "박 목사가 분당에 와서 개척을 해 봐."

잠깐 보자고 저를 부른 H목사님의 말씀은 충격적이었습니다.

'개척이라니?'

생각지도 않은 제안이었습니다. 그러나 이 말이 씨가 되어 불과 3개월 후인 1998년 10월 24일 주일, 저는 성남시 분당구 정자동에서 샘물교회의 첫 예배를 드리게 되었습니다.

샘물교회의 개척 동기는 '전적인 하나님의 인도하심'이었습니다. 인생의 범사가 그러하지만 서울영동교회를 17년간 섬기던 저를 교회 개척으로 부르실 것이라고는 전혀 예측하지 못했습니다. 저에게는 교회 개척에 대한 비전이 전혀 없었습니다. 서울영동교회가 이미 세 개의 분립 교회를 세웠지만 담임목사인 제가 분립 교회를 하리라고는 전혀 생각하지 못했습니다. 그러나 하나님의 생각은 제 생각과 달랐습니다.

1997년 여름, 지방의 한 교회의 청빙을 받고 평소에 존경하던 O목사님께 의논을 하러 갔습니다. O목사님은 일언지하에 안 된다고 했습니다. 서울 강남에서 자유롭게 목회하던 사람이 보수적이고 답답한 지방 교회에 가서 일하는 것은 불가능하다고 했습니다. 그러면서 개척을 권유했습니다. 당장 둘러보러 나가자고 했습니다. 그러나 제 마음에는 개척에 대한 의지가 전혀 없었습니다. 기도해 보겠다고 말씀드린 후 한동안 O목사님을 만나 뵈러 가지 않았습니다.

그로부터 꼭 1년이 지난 후 다시 이번에는 H목사님으로부터 개척 도전을 받은 것입니다. 분당 정자동에 L목사님이 섬기는 G교회가 개척 초기에 사용하던 건물이 있었습니다. G교회의 규모가 커져 더 이상 그곳에 있을 수가 없어 건물을 사서 이사해 여러 달 비어 있는 상태였습니다. 이 지역에 건강한 교회가 필요하고, 그곳이 교회를 개척하기에 좋다며 저에게 개척하라고 도전한 것입니다.

이미 몇 사람에게 제안했지만 개척을 원하는 젊은 목사들은 건물 규모가 너무 커서 아예 엄두조차 내지 못한다고 했습니다. 근처에서 이미 개척을 하고 있던 목사들마저 쉽게 이사 올 생각을 못한다고 했습니다. H목사님은 L목사님과 의논한 끝에 박은조 목사를 부르는 게 좋겠다는 결론을 내렸다고 했습니다. 여기까지 얘기를 들은 저는 자신 있게 말했습니다.

"목사님, 저는 아닙니다."

1998년 당시 서울영동교회는 네 번째 분립 교회를 위한 준비를 하고 있었습니다. 분당은 이미 입주가 끝나 늦었고, 입주가 진행 중인 수지에 분립 교회를 세울 것을 계획했습니다. 몇 주 전 부목사 한 사람에게 파송 제안을 했습니다. 한 주간 동안 기도한 후 그분이 개척 교회를 섬기겠다며 동의했습니다. 그리고 7월 당회 안건으로 네 번째 분립 교회안을 다루기로 준비되어 있었습니다.

지난해에 터진 IMF 사태로 인해 어려운 상황이었지만 건강한 교회를 세우는 일은 계속되어야 한다는 생각으로 네 번째 분립 교회 준비를 시작한 것이었습니다. 당시 분당, 수지 지역에는 서울영동교회의 성도 60가정이 살고 있었습니다. 그들 중 반만 따라나서도 30가정이니까 개척 멤버들이 상당히 될 것이라 예상했습니다.

"잘 준비된 부목사를 파송해서 수지에 분립 교회를 세우려고 준비하고 있습니다. 저는 아닙니다."

저는 완강하게 개척을 고사했습니다. 그러나 H목사님은 물러서지 않고 이렇게 말했습니다.

"쓸데없는 소리 하지 말고 박 목사가 내려와라. 후배들 보내서 죽을 고생시키지 말고 박 목사가 해라. 서울영동교회에도 17년이나 있었으니까 떠날 때도 됐다."

아무리 생각해도 아니다 싶었습니다. 바로 지난해에 IMF가 터진 데다 서울영동교회는 따로 개척 교회 자금을 준비해 놓은 것도 없었습니다. 그리고 분당은 이미 입주가 끝나 새로운 성도를 얻기가 쉽지 않고, 서울 사람들이 그곳까지 따라와서 개척에 동참하기에는 너무 멀었습니다. 더군다나 저는 개척에 대한 열정이 없었고 준비도 되어 있지 않았습니다. H목사님께 더 이상 안 된다고 말하기가 어려워서 "기도해 보겠습니다" 하고 말하고 나왔습니다.

그렇게 H목사님의 사무실에서 집까지 20분 정도 운전해 오는데, 한 번도 경험하지 못한 일이 벌어졌습니다. 머리로는 명백히 '이건 아니다' 싶은데 마음 밑바닥에서부터 '하나님이 나를 부르시는 것이 아닐까?' 하는 이상한 마음이 생기는 것이었습니다.

거부할 수 없는
하나님의 부르심

운전하는 중에 지난 일들이 떠올랐습니다. 아니, 떠오른 정도가 아니라 물을 머리 위에 쏟아부은 것처럼 생각들이, 말들이 쏟아져 나오기 시작했습니다. 서울영동교회를 이전하려고 시도했던 일, 밑바닥부터 다시 한 번 시작해 보겠다고 기도했던 일, 목회 초년병 시절로 돌아가서 목회해 보겠다고 기도했던 일 등이 떠올랐습니다. 그러면서 갑자기 마음속에서 이런 대화가 이루어졌습니다.

"너, 처음부터 시작해 보고 싶다고, 밑바닥부터 다시 시작해 보겠다고 기도했잖아."

"제가 언제 개척하겠다고 했습니까? 교회 이전시켜 달라고 기도한 거지요."

"개척하면 네가 지난 2년 동안 기도한 대로 되는 거다. 무슨 잔소리가 그리 많으냐!"

잠시 후 집에 도착했을 때 '지금 이 개척 제안이 그동안 내가 새롭게 시작해 보고 싶다고 기도했던 것에 대한 응답이란 말인가?' 하는 생각이 들었습니다.

저는 평소 하나님의 인도를 받을 때 기도하고 묵상한 후에 스스로 설득이 되고 확신이 오면 주변 사람들과 의논을 시작하는 스타일이었습니다. 난관에 부딪칠 때도 그런 식으로 인도를 받았습니다. 그런데 개척 문제에 대해서만은 달랐습니다. 머리로는 너무나 분명하게 아니라고 하는데, 마음이 자꾸 반대로 가는 것이었습니다.

'이것 참 기이하다' 싶어 H목사님을 만나고 온 다음 날, 며칠 동안 기도원에 올라가서 기도하고 생각도 정리하고 오겠다며 아내에게 말한 뒤 집을 나섰습니다. 그런데 기도원으로 운전하며 가는 중에 어제와 같은 일이 반복되었습니다. 수많은 생각들이 쏟아지면서 분당으로 가서 개척 교회를 시작하는 것이 그동안 드렸던 기도에 대한 응답이라는 생각이 아주 분명하게 느껴졌습니다. '이제 순종하는 것밖에는 길이 없구나' 하는 생각이 마음 가득 채워졌습니다. 기도원에 도착했을 때는 마음이 이미 확정되어 있었습니다.

저는 수년 전부터 "하나님, 서울영동교회와 제게 변화가 필요합니다"라고 기도했습니다. 하지만 제가 기도했던 변화는 개척이 아니라 서울영동교회의 장소를 옮기거나, 혹은 학교를 인수해서 새로운 사역으로 나아가는 것이었습니다.

당시 서울영동교회는 수년 전부터 교회 건물을 새로 짓자는 의견이 있었습니다. 하지만 제 생각은 달랐습니다. 70-80억을 들여 기존의 좁은 땅에 건물을 새로 지어 봐야 주차 공간이 60여 대 정도 가능하다고 했습니다. 그 정도는 교회에서 결혼식이나 장례식도 할 수 없는 수준이었습니다.

주변 땅을 더 사서 건물을 짓는 것도 여의치 않았습니다. 평당 3,000만 원이 넘는 땅값도 문제였고, 팔려는 사람도 없었습니다. 게다가 성인 1,100여 명 모이는 교회에서 70-80억은 정말 죽기 살기로 모아야 되는 큰돈이었습니다.

마침 강남의 Y여자중고등학교의 운영권을 인수할 수 있었습니다. 당회원들이 교정을 둘러본 다음, 흥분하면서 하나님이 그동안 우리의 기도에 응답하셨다고 기뻐하며 인수를 결정했습니다. 학교 설립자 가족들과 얘기가 잘되어 학교에 대한 포기 각서를 써 주기로 했습니다.

모든 과정을 다 잘 마쳤다고 생각했는데 난관에 부딪쳤습니다. 서울시교육위원회가 학교 빚 58억 원을 이사장 변경 전에 해결하라고 한 것입니다. 이건 교회가 감당하기 어려운 일이었습니다. 결국 학교 경영권 인수는 무산되었습니다. 그 무렵 제가 열심히 했던 기도는 "하나님, 새롭게 출발하게 해 주옵소서!"라는 내용이었습니다.

당시 저는 스스로의 영적인 문제를 위해서도 하나님 앞에 기도하고 있었습니다. 처음 서울영동교회에 부임했을 때는 어른 성도가 150여 명이어서 가족 같은 분위기였습니다. 교회가 양적으로 성장해서 17년이 지난 후 주일 예배에 출석하는 어른 성도들의 숫자가 1,100여 명을 헤아리게 되었습니다. 교회가 별 문제 없이 평탄하다 보니까 제가 점점 영적 매너리즘에 빠지는 것을 발견하게 되었습니다.

1994년 가을에 쓰러져 병원에 실려 갔다 나온 후 개인 심방도 부목사들에게 맡겼습니다. 이전에 교인들이 몇 명 안 될 때는 누가 아파서 누워 있다고 하면 직접 가서 문병도 하고, 장례식에도 다 참석했습니다. 그러나 교인들이 늘어나고 제 건강이 나빠지면서 그런 사역을 세밀하게 하지 못하게 되었습니다. 그러다 보니 점점 성도들과의 접촉이 줄어들었고, 또 교회에 무슨 문제가 생겨도 옛날처럼 애절한 기도가 나오지 않는, 한마디로 배에 기름이 낀 목사가 되어 버리고 말았습니다.

서울영동교회를 사임하고 나오던 1998년 가을 무렵, 교회는 양적으로 꽤 성장했는데 저는 영적으로 굉장히 안일해 있었습니다. 간절하게 기도할 제목마저 없었습니다. 목회에 대한 새로운 생각이 있었지만 적당한 수준에서 안주하고 있었던 것입니다. 해서 "하나님, 교회도, 제게도 변화가 필요합니다. 처음부터 다시 시작해 보고 싶습니다"라고 기도했던 것입니다.

안일한 저 자신과 교회에 필요한 변화, 그것은 논현동을 벗어나 교회 장소를 새로운 곳으로 옮기는 것이라고 생각했습니다. 학교를 인수해서 새롭게 출발하는 것이라고 여기며 기도했습니다. 그러나 모든 길이 닫혀 있었습니다. 계속 기도했지만 다른 길이 열리지 않는 상태에서 개척 제안을 받은 것입니다. 이 상황에서 저는 '그동안 기도한 것에 대한 응답으로 하나님이 나를 개척의 길로 부르시는구나' 하고 인정하면서 결국 순종하기로 마음을 정했습니다.

하지만 두려움이 떠나지 않았습니다. 할 수만 있으면 피하고 싶었습니다. 해서 이렇게 기도했습니다.

"하나님, 좋습니다. 제가 가겠습니다. 그러나 저 혼자 할 수 없는 일이니까 이제 아내에게 하나님이 말씀해 주옵소서."

아내는 개척을 반대할 게 뻔했습니다. 당시 아내는 서울영동교회를 떠나는 어떤 제안에도 반대했습니다. 사역이 잘 진행되고 있고 성도들, 특히 장로님들과도 호흡이 잘 맞는데 떠날 이유가 없다는 것입니다. 저도 아내의 의견에 대체로 동의하는 편이었습니다.

아내에게 자초지종을 설명했습니다. 하나님이 개척하라고 명령하시고, 순종해야 될 것 같은데 한번 기도해 보라고 말했습니다. 저는 아내가 반대해 주기를 내심 기대하고 있었습니다. 아내는 아무 말이 없었습니다. 그렇게 딱 하루가 지난 후 아내는 "당신이 원하면 분당으로 가서 개척을 합시다" 하고 말했습니다. 예상 밖의 아내의 대답을 듣고 얼마나 놀랐는지 모릅니다.

'아, 결국 루비콘 강을 건넜구나. 하나님이 돌아갈 수 없는 다리를 건너게 하셨구나.'

그 순간 들었던 느낌입니다. 분당으로 가는 것이 하나님의 인도하심이요, 내가 가야 할 길이라는 확신이 들었습니다. 이제 도저히 물러설 자리가 없었습니다. 확신을 주신 대로 나아가는 것뿐이었습니다.

서울영동교회의 네 번째 분립 개척 교회에 파송 받다

아내의 답을 들은 후 먼저 서울영동교회 장로님 열일곱 분을 한 분 한 분 다 만났습니다. 마지막 한 분은 해외여행 중이어서 당회가 열리기 전인 토요일 저녁, 긴 통화를 하며 설명했습니다.

먼저 제가 받은 하나님의 인도하심을 설명했습니다. 그리고 이게 하나님의 인도하심이 맞는 것 같은지를 물었습니다. 17명 중 16명이 제가 하나님의 부르심에 순종하려고 하는 것에 동의해 주었습니다. 단 한 분만 이렇게 말하며 반대했습니다.

"맨땅에 헤딩을 왜 하려고 합니까? 이미 서울영동교회가 목사님의 손안에 들어와 있는데 왜 이런 어리석은 일을 해서 고생을 하려고 합니까?"

제가 받은 하나님의 인도하심에 대해 열심히 설명했지만 그분은 현실은 다르다며 반대했습니다. 저를 위하는 것처럼 하며 고생길로 가지 말라고 권유했지만 실은 아니었습니다. 하나님의 인도하심을 인정하지 않고 눈에 보이는 대로 생각하는 분이었습니다.

"지금 저는 순종할 수밖에 없습니다. 당회가 네 번째 분립 교회의 사역자로 저를 축복해 파송하든지, 그렇지 않으면 저는 그냥 나가는 수밖에 없습니다. 하나님이 이렇게 구체적으로 명령하시는데 그냥 있을 수가 없습니다."

당시 저의 이런 제안을 믿음으로 수용해 준 서울영동교회 장로님들께 감사드립니다.

1998년 8월 넷째 주 당회에서 네 번째 분립 개척 교회를 분당에 세우기로 하고 저를 파송하기로 결정했습니다. 17명의 장로님들 중 16명이 찬성했고, 한 분은 기권했습니다. 그리고 다음 주일에 광고해서 원하는 사람은 박 목사를 도와 함께 개척에 동참하게 하고, 9월 마지막 주일에 특별헌금을 하기로 했습니다. 얼마가 나오든지 그것으로 10월 말에 개척 교회 시작 예배를 드리기로 했습니다.

눈을 감아도 돈 걱정
눈을 떠도 돈 걱정

당회가 저의 파송을 결정하고 성도들에게 발표한 8월 다섯째 주일에 저는 사도행전 1장을 본문으로, "하나님의 인도"라는 제목의 설교를 했습니다. 예루살렘 교회의 지도자 베드로는 시편 말씀을 묵상하다가 가룟 유다를 대신할 사도를 세우는 일에 도전을 받았습니다. 그리고 이어서 다른 리더들의 동의를 얻으며 교회 전체의 뜻이 되었던 내용에 대해 설명했습니다. 비슷한 방법으로 제가 먼저 개척의 도전을 받았고, 당회가 동의해서 담임목사를 분립 교회로 파송하는 교회의 비전을 가지고 제가 맡아 나간다고 설명했습니다.

그러나 이런 저의 설명이 성도들에게 별로 호소력이 없었습니다. 설교를 제대로 못한 탓인지 은혜 받은 사람이 별로 없고, 교회의 분위기가 아주 나빠졌습니다.

"박 목사는 원래 다소 이상주의적인 사람이니까 그렇다 치더라도 장로들은 뭐하는 사람들이냐! 철없는 젊은 목사의 생각을 막지 못하고 그 장단에 맞춰 파송까지 결정하다니!"

권사님들을 비롯한 교회 리더들의 비난이 쏟아지기 시작했습니다. 예배가 끝나고 평소대로 성도들과 인사를 하려고 나와 서 있는데 많은 분들이 저와 눈도 마주치지 않고 외면하고는 그냥 가 버렸습니다. 심지어는 악수하자고 내민 손을 치고 가며 거절하는 사람도 있었습니다. 어떤 권사님은 눈물을 흘리면서 큰 소리로 이렇게 말했습니다.

"목사님만 하나님의 인도를 받습니까? 어떻게 이런 게 하나님의 인도입니까? 교회를 이렇게 배신하면서 이걸 하나님의 인도라고 합니까?"

저는 담임목사가 분립 개척을 나간다고 하면 좀 섭섭하더라도 결국은 온 교회가 축복하고 격려하며 파송해 줄 것이라고 기대했는데, 상황은 전혀 달랐습니다. 온 교회가 뒤숭숭하기가 이루 말할 수 없는 분위기가 되어 버렸습니다. 그 뒤 저는 떠날 때까지 주일 예배 후의 인사를 중단하기에 이르렀습니다. 성도들을 도저히 마주 대할 수 없었기 때문입니다. 지금은 지나간 일이라 담담하게 나눌 수 있습니다만 당시로서는 참으로 고통스러운 순간이었습니다.

게다가 사단이 묘하게 역사했습니다. 따로 만나 대화할 때는 모든 상황을 이해하고 동의했던 장로님들 중 한두 분의 입에서 오해의 말이 번지기 시작했습니다. 이를테면 개척 교회를 한다면서 너무 큰 건물을 얻었고, 그것은 박 목사가 대형 교회를 하고 싶기 때문이라는 식의 오해였습니다. "대형 교회가 꿈이라면 그냥 서울영동교회에 눌러앉아 있어야지 왜 나오겠습니까?" 하고 설명했지만 그때는 그 설명이 전혀 설득력이 없었습니다.

상황이 이렇다 보니 오해를 받는 것도 힘들었지만, 개척 교회를 위한 특별헌금이 제대로 나올 가능성이 없다는 것이 더 큰 걱정이었습니다. 재정 상황이 어려운 때니까 교회는 사택 전세금을 그대로 분립 교회에 지원해 주고, 제가 쓰던 차를 기증하고, 9월 마지막 주일에 분립 개척 교회를 위해 한 번 헌금해 주면 얼마가 되었든지 간에 그 재정으로 개척을 하겠다고 결정을 했습니다.

9월 한 달 동안 너무나 곤혹스러웠습니다. 재정 문제에 대한 부담은 점점 가중되었고, 개척에 동참할 사람도 많지 않은 상태였습니다.

그나마 제게 우호적인 사람들은 분립 개척을 하려면 좀 가까운 데서 하지 왜 따라갈 수도 없는 먼 곳에서 하느냐며 불만스러워했습니다. 당시나 지금이나 서울 사람들은 분당을 굉장히 먼 곳으로 생각합니다. 지금도 분당에 있는 예배당에서 결혼식을 하는 사람이 많지 않습니다. 친구나 친척들이 서울에 많이 사는데 결혼식을 분당에서 하면 사람들이 어떻게 찾아오느냐는 것입니다. 분당은 실제 거리는 서울에서 그다지 멀지 않은데 심리적으로는 아주 먼 곳입니다.

9월 한 달 이내에 전세금 6억과 필요한 비품들을 준비하기 위해 상당한 돈이 필요한 상황이었습니다. 그러나 유일한 길인 성도들의 헌금이 제대로 이루어지지 않을 것 같은 험악한 분위기였습니다. 돈이 나올 곳은 따로 없었습니다. 돈 걱정이 가슴을 짓누르는 그 순간, 사업하는 사람들이 부도나기 전에 얼굴이 새까맣게 타들어 가던 모습이 생각났습니다. 그때 비로소 그들의 마음을 헤아릴 수 있었습니다.

9월 한 달 동안 잠잘 때 말고는 단 1초도 돈 걱정에서 자유롭지 못했습니다. 심지어 자다가 화장실에 가려고 일어나면 눈을 뜬 순간 떠오른 생각이 '돈, 어쩌지?' 하는 것이었습니다. 건물 주인에게 6억을 줘야 되는데 돈이 한 푼도 없었으니 말입니다.

다행히 주인이 집사님이어서 돈이 없으면 천천히 달라고 해서 조금 안심은 되었습니다. 그래서 10월 마지막 주일부터 분당에서 예배를 시작했는데, 그해 연말에 2억, 다음 해 3월에 2억, 이런 식으로 나누어서 보증금을 냈습니다.

보증금은 이렇게 해서 해결이 됐는데, 건물만 있다고 되는 게 아니잖습니까? 강단, 의자, 앰프 등 준비해야 할 비품들이 얼마나 많던지! 한두 가지 구입하다 보면 몇천만 원 쓰는 건 순식간이었습니다. 그래서 한 달간은 눈을 감아도 돈 걱정, 눈을 떠도 돈 걱정이었습니다.

제 생애에 그런 경험을 하게 될 줄은 정말 몰랐습니다. 이전까지 비교적 안정된 교회에서 일을 했기 때문에 돈 걱정할 일이 많지 않았습니다. 이미 건축이 끝난 교회에 부임했던 저로서는 건축에 대한 부담도 없었습니다. 기껏해야 교육관 구입이 큰돈을 쓴 유일한 경우였는데, 그것도 성도들의 적극적인 참여로 별 어려움 없이 해결했습니다.

그러고 보면 그동안 제가 너무 쉬운 목회를 한 것이 아니었나 싶기도 했습니다.

**하나님 때문에
굶어 본 적이
있는가**   그러던 중 9월 마지막 주 목요일 아침, 새벽 기도회를 인도하고 서재에 올라와서 누가복음 4장을 읽었습니다.

"예수께서 성령의 충만함을 입어 요단 강에서 돌아오사 광야에서 사십 일 동안 성령에게 이끌리시며 마귀에게 시험을 받으시더라 이 모든 날에 아무것도 잡수시지 아니하시니 날수가 다하매 주리신지라 마귀가 이르되 네가 만일 하나님의 아들이어든 이 돌들에게 명하여 떡이 되게 하라 예수께서 대답하시되 기록된바 사람이 떡으로만 살 것이 아니라 하였느니라"(눅 4:1-4).

수도 없이 많이 읽은 본문이었습니다. 이 말씀은 그다음 주일에 설교할 본문이었습니다. 당시 저는 예수님이 사역을 시작하신 것과 비교하면서, 개척이라는 새로운 사역을 시작하는 저와 서울영동교회가 어떻게 인도하심을 받을 것인가에 대한 설교를 시리즈로 하고 있었습니다. 제목은 "돌들이 떡덩이가 되게 하라"로 정했습니다.

설교 준비를 위해서 본문을 묵상하는데, 그날 이 말씀이 전혀 다르게 다가왔습니다. 수없이 읽었던 본문이 아닌 전혀 새로운 말씀이었습니다.

'예수님은 40일을 금식하시고 배가 고프신 상태에서 사역을 시작하셨구나.'

이런 생각이 갑자기 마음에 크게 와 닿았습니다. 계속 본문을 읽는데, 사단은 그런 예수님께 "이 돌들이 떡덩이가 되게 하라"고 유혹했습니다. 그런데 예수님은 "사람이 떡으로만 살 것이 아니라"고 하셨습니다. 얼마든지 돌을 떡이 되게 하셔서 배고픔을 면할 수 있는 분이신데, 먹는 게 중요한 게 아니라고 말씀하시는 것이 느껴졌습니다. 먹는 것보다 더 중요한 것이 있다고 말씀하시는 것 같았습니다. 그 순간 마음속에 한 가지 질문이 들려왔습니다.

'내 아들 예수도 이렇게 굶으면서 사역을 시작했다. 너는 나 때문에 굶어 본 적이 있느냐?'

하나님이 던지시는 이 질문이 마음에 들려오는 순간, 저는 의자에 앉아 있다가 다리에 힘이 쫙 풀리는 느낌이 들었습니다. 곧 저는 의자에서 미끄러져 땅바닥에 주저앉고 말았습니다.

신학대학원을 졸업하고 서울에 올라와서 17년을 사역하면서 한 번도 예수님 때문에, 복음 때문에, 교회 때문에 밥을 굶어 본 적도, 매를 맞아 본 적도 없었습니다. 그러다가 이제 처음으로 조금 고생하겠다 싶은 개척 상황이 눈앞에 다가온 것입니다. '아직 밥 한 끼 굶지 않았는데 이렇게 엄살을 떨고, 부끄러운 모습을 보이며 돈 달라고 떼를 쓰고 있구나' 하는 생각이 들었습니다.

그 순간 제 모습이 얼마나 부끄럽고 송구스러웠는지 모릅니다. 땅바닥에 엎드려 울부짖기 시작했습니다. 회개했습니다.

'주님은 금식하시고 고픈 배를 움켜쥐고 사역을 시작하셨는데 나는 한 끼 굶어 보기도 전에 미리부터 걱정하고 있다니!'

하나님께 너무 죄송했습니다. 참으로 오랜만에 성령으로 하는 회개 기도를 드렸습니다. 지난 몇 년 동안 그런 기도를 드린 적이 없었습니다. 그날 아침, 하나님은 그야말로 사역자의 기본으로 돌아가도록 도전하셨습니다. 저는 하나님 앞에 완전히 꺼꾸러졌습니다.

눈물 콧물 흘리면서 기도를 마치고 일어서서 '한 30분쯤 기도했을까?' 하고 시계를 보니까 한 시간 이상이 흘렀습니다.

눈물을 닦고 방을 나서는데 방문 손잡이를 잡는 순간 제게 변화가 일어났다는 느낌이 들었습니다. 지난 한 달 동안 단 한순간도 떠나지 않았던 돈 걱정이 없어진 것이었습니다. 돈 걱정이 정말 거짓말처럼 싹 사라졌습니다. 그동안 그렇게도 떠나지 않았던 돈 걱정이, 무엇을 해도 항상 마음을 짓눌렀던 돈 생각이 없어져 버린 것입니다. 할렐루야!

그 일이 있고 난 다음 주일 예배 때 개척 교회를 위한 헌금을 하기로 되어 있었습니다. '혹시 주께서 교회 개척에 필요한 돈을 채워 주시지 않을까?' 하는 기대를 잠시 했지만, 헌금은 많지 않았습니다. 그러나 실망하지 않았습니다. 그날의 통회 기도가 저를 회복시켰음을 깨달았기 때문입니다. 하나님이 돈을 주시기 전에 먼저 저를 무장시키시고, 훈련시키신 것임을 발견했기 때문입니다. 그 기도 후에 주님은 저를 처음 사역을 시작하던 30대 초반의 마음으로 돌아가도록 만들어 놓으셨습니다.

'밥이 없으면 굶으면 되는 거고, 교인 수가 적으면 적은 식구끼리 서로 더 사랑하고 살면 되는 건데 뭐 걱정할 게 있나. 들어가려는 교회 건물이 커서 안 되면 좀 작은 데로 옮겨 가면 되는 거고, 갈 데가 없으면 누군가의 집에서 예배드리면 되는 거지.'

이런 생각이 평안과 함께 마음에 스며들어 왔습니다. 걱정하던 일이 다 없어져 버린 것이었습니다.

서울영동교회에서는 헌금을 2억 원이나 해 주었습니다. 저의 사택 전세금 1억 3,000만 원도 지원해 주었고, 제가 쓰던 자동차도 후원해 주었습니다. 개척에 동참한 성도들이 따로 상당한 액수의 헌금을 했습니다. 성도 200명(어른 120명, 아이 80명)이 동참했습니다. 이 정도의 후원이 없었다면 샘물교회는 출발이 불가능했을 것입니다. 참으로 하나님의 큰 은혜가 아닐 수 없습니다.

그러나 가장 큰 은혜는 저를 돈에 대한 두려움에서 해방시켜 주시고, 회복시켜 주신 것이었습니다. 오직 하나님만 의지하고 진리의 길을 가도록 도전하시고 은혜를 베풀어 주신 것이었습니다.

17년 목회 자료 파일을 다 버리다

새로운 교회를 시작하면서 하나님이 원하신 것은 '교회를 어떻게 세울 것인가?' 가 아니고 '담임목사가 어떻게 준비될 것인가?' 하는 것이었습니다.

저는 저 자신이 꽤 준비된 사람이라고 생각했습니다. 서울영동교회에서 17년간 목회한 경험이 있고, 6년간의 사역을 마칠 무렵 담임목사로서 첫 연구년을 영국에서 1년 동안 가지면서 선교사 훈련을 받았으며, 성경해석학 석사 학위를 취득하고 왔습니다. 또 두 번째 연구년에 미국의 풀러 신학교에 가서 시작한 목회학 박사(D.Min) 과정도 거의 마쳐 가고 있었습니다.

두 번째 연구년을 미국에서 가지면서 '앞으로 어떻게 목회할 것인가?' 에 대해 많이 생각했습니다. 여러 교회를 방문하기도 했고, 목회학 박사 과정 강의를 들으면서 목회에 대한 새로운 생각을 많이 정리할 수 있었습니다.

한국으로 돌아올 때 제법 묵직한 파일을 들고 왔습니다. 개척을 결정하면서 '그 준비가 이때를 위한 것이었구나' 하고 생각하며 파일을 사용하려고 했습니다. 그런데 주님은 그 파일을 열지도 못하게 하셨습니다. 저는 그것을 하나님 앞에 무릎 꿇고 통회 기도했던 그 목요일 아침에 깨달았습니다.

'하나님이 가장 중요하게 생각하시는 준비는 돈 준비도 아니고, 개척 멤버 준비도 아니고, 목사인 나 자신의 준비구나. 내가 온전히 하나

님을 의지하고, 하나님이 인도하시는 길로 가기를 원하시는구나.'

이 사실을 깨닫고 난 후 앞으로의 일은 내 경험이나 생각이 아니라 철저히 하나님의 인도하심 가운데 가야겠다는 생각을 하게 되었습니다.

그 무렵에 개척 교회를 준비하면서 제가 고심했던 것 중 하나는 '교회 이름은 어떻게 지을까? 교회 조직은 어떻게 할까?' 등이었습니다. 그동안의 경험을 통해 조직에 대한 청사진이 만들어져 있었습니다. 교회 이름도 새벽 기도회 시간에 계시를 받은 듯 하나 받고는 기뻐하며 가지고 있는 것이 있었습니다. 그러나 하나님 앞에 거꾸러진 그날 이후, 하나님은 제게 분명하게 말씀하셨습니다.

"이 교회는 네가 세우는 것이 아니다. 내가 세운다. 내가 보내는 사람들이 세운다."

이 메시지를 너무나 분명하게 반복해서 들려주셨습니다. 성경을 펼치기만 하면 그런 말씀들이 눈앞에 막 튀어나오는 것처럼 나타났습니다. 어떤 모임에 가서 설교를 들어도 '하나님이 인도하신다'는 메시지를 설교자를 통해 정확하게 들려주셨습니다. 17년의 경험을 가지고 준비한 파일을 도저히 열 수가 없었습니다.

목사가 아닌
하나님의 사람들이
세우는 교회

제 경험을 의지하지 못하도록 보여 주신 사건

하나가 더 있습니다.

개척 준비에 한창이던 1998년 10월 초순이었습니다. 개척에 동참하기로 한 Y장로님이 전화를 해서 이렇게 말했습니다.

"목사님, K성도가 교회를 세우러 분당에 간답니다."

K성도는 당시 막 세례를 받은 완전 초신자였습니다. 그의 아내는 열심 있는 집사였습니다. 명문대를 나오고, 똑똑하고 잘나가던, 전도하기 가장 어려운, 전형적인 유형의 비신자였던 그는 오랫동안 남편을 위해 기도한 아내에게 "날 위해서 기도하지 마. 난 당신 기도 때문에 성공했다는 소리 듣기 싫어" 하고 말하던 사람이었습니다. IMF로 하나님이 그를 치지 않으셨다면 쉽게 하나님 앞에 나올 수 없는 사람이었는데, 사업이 어려워지면서 아내의 전도를 받고 교회에 나와 막 세례를 받은 것이었습니다.

그런데 그런 초신자가 교회를 세우러 분당에 간다니, 뜬금없는 소리로 들렸습니다.

사정인즉 이러했습니다. 당시 그 부부는 서울영동교회가 있던 논현동에 살고 있었습니다. "우리도 목사님 따라가서 개척 교회를 위해서 헌신합시다"라는 아내의 말에 남편은 "무슨 소리야! 목사님도 멀리 사는 사람은 오지 말라고 했잖아. 여기서 어떻게 매 주일 분당까지 다녀?" 하며 반대를 했습니다.

그런데 아내는 개척 교회를 돕고 싶기도 하고, 박 목사가 떠나고 나면 언제 새로운 목사님이 올지도 모르는 데다가 까다로운 남편이 그 목사님을 좋아할지, 싫어할지 몰라 걱정도 되었습니다. 그리고 이번 기회에 개척 교회에 합류해서 자기 가정이 새로운 신앙생활을 했으면 좋겠다는 생각이 들었습니다. 해서 남편의 마음을 바꾸어 달라고 기도했는데, 며칠 지나서 남편이 직장에서 전화를 걸어 이렇게 말했습니다.

"여보, 오늘 아침에 운전을 하고 나오는데 몇 달 전에 들은 박 목사님 설교가 생각이 났어. 하나님이 우리가 교회 세우러 분당으로 가는 것을 원하시는 것 같아."

몇 달 전 저는 "당신의 꿈은 무엇입니까?"라는 제목으로 주일 예배 설교를 한 적이 있었습니다. 당시는 전혀 개척 교회를 생각하지 않을 때였습니다. 설교를 시작하면서 "여러분은 남은 생애에 이루고 싶은 꿈이 무엇입니까?" 하고 질문했습니다. 그때 이 초신자 남편이 옆에 있는 아내에게 "여보, 나는 돈 벌어서 교회 하나 세우는 게 꿈이야" 하고 말했던 것입니다.

분당으로 가느냐, 마느냐를 논의하고 있던 그 10월 초순 무렵, 아침에 아내와 함께 큐티를 하고 출근하던 중 자신이 몇 달 전에 아내에게 했던 그 말이 생각난 것입니다. 그리고는 '그때 설교를 들으면서 하나님 앞에 내가 교회를 하나 세우겠다고 했는데, 지금 박 목사님이 교회를 세우러 분당으로 간다고 하니, 지금 이때가 하나님이 원하시는 때가 아닌가?' 하는 생각이 들어서 아내에게 전화한 것입니다.

남편의 이야기를 들은 아내는 너무 기뻐서 구역장 장로님께 전화를 했습니다. 그 장로님이 제게 전화를 해서 이렇게 표현한 것입니다.

"목사님, K성도가 교회를 세우러 분당에 간답니다."

그 말을 듣는 순간, 하나님이 제게 주시는 음성이라는 것을 깨달았습니다. 교회를 세우는 일에 있어서 아직도 저 자신이 총감독, 총지휘를 해야 한다는 생각을 더 내려놓아야 한다는 것을 깨달았습니다. 하나님이 "네가 교회를 세우는 것이 아니다. 내가 보내는 사람들이 나의 교회를 세우는 것이다" 하고 말씀하시는 것을 다시 한 번 들은 날이었습니다.

돈, 사람, 전략을 하나님께 구하라

이처럼 교회 개척을 준비하는 중에 하나님이 깨닫게 하시는 메시지를 여러 번 반복해서 들었습니다. 그래서 결국 제가 생각했던 일, 펼쳐 보려던 파일들을 다 접고 하나하나 하나님의 인도를 받아서 나아가고자 하는 마음을 더욱 굳혔습니다. 그리고 매사에 하나님의 인도하심을 구했습니다.

'하나님이 세우시는 교회라면 하나님이 모든 것을 주시지 않겠는가!'

그러므로 필요한 돈과 사람, 그리고 전략 등을 모두 하나님께 구하기로 했습니다.

저는 서울영동교회를 섬기면서 약 8년 동안 제자 훈련을 통해서 수백 명의 리더들을 양육했습니다. 제가 직접 사역 훈련까지 시킨 사람들이 개척에 동참해서 기둥이 되어 주었으면 하는, 사람을 의지하는 마음이 자꾸 들었습니다. 기도하던 중 하나님이 주신 마음으로 교회 개척을 한다고 발표하는 날, 저는 "하나님의 인도"에 관해 설교하면서 이렇게 말했습니다.

"당회는 저를 네 번째 분립 교회의 담임목사로서 분당으로 파송하기로 결정했습니다. 하지만 분당에 사는 분들이라도 본교회에 남아 있고 싶은 분은 그렇게 하십시오. 저는 여러분 중 어떤 사람에게도 이 개척에 동참해 달라고 개인적으로 부탁하지 않겠습니다. 하나님이 분립 교회를 섬기도록 도전하시는 분들만 참여하기를 바랍니다. 여러분 각자가 기도하면서 하나님의 인도를 잘 받으십시오."

이렇게 말해 놓아야 제가 실수하지 않을 것 같아서 미리 선포한 것이었습니다. 그 교회에 17년이나 있었는데 만약에 돈 있는 사람, 열심 있는 사람에게 전화해서 "김 집사, 저를 좀 도와주세요" 하는 식으로 요청하면 교회가 혼란에 빠질 가능성이 높았습니다. 또 제가 그렇게 요청할 때 "저는 가고 싶지 않은데 박 목사님이 오라고 했습니다" 하게 되면 교회가 어떻게 될지 생각도 하고 싶지 않았습니다. 그것은 서울영동교회를 위해서도, 새 교회를 위해서도 결코 좋지 않은 일이라고 여겨졌습니다. 그래서 "하나님, 아무에게도 오라고 부탁하지 않겠습니다" 하고 기도하고 그 주일에 발표한 것입니다.

나중에 개척 지원자가 적고, 일이 어려워지니까 그렇게 말한 것이 얼마나 후회가 됐는지 모릅니다. 그러나 사람을 의지하지 않고 하나님만 의지하며 가기로 한 것은 바른 일이었다고 생각합니다.

저를 도와 개척에 동참하기로 하고 준비위원으로 참여한 성도들이 30명 정도 되었습니다. 그런데 그분들 말이, 성도들에게 "같이 개척하러 분당으로 갑시다" 하면 "목사님이 나를 원하지 않는데 어떻게 갑니까?" 하고 볼멘소리를 한다는 것이었습니다. 그래서 "목사님이 왜 원하지 않는다고 생각합니까?" 하고 물으면 "목사님이 오라는 전화 한 통도 안 하지 않습니까?" 한다고 했습니다.

답답해진 준비위원들이 명단을 가지고 와서 "목사님, 이 명단에 있는 사람들에게 전화 한 통만 해 주십시오. 오라고 말하라는 것이 아니고 개척 교회를 위해서 기도해 달라고만 말해 주십시오. 그러면 이 사람들 중에 90% 이상이 참여할 것입니다" 하고 말해 저를 갈등하게 만들었습니다. 그래도 저는 눈 딱 감고 이렇게 말했습니다.

"그렇게 하지 않겠다고 하나님 앞에서 약속한 것이니 안 됩니다. 하나님과의 약속을 어기면서 그렇게까지 해서는 교회가 결코 축복받지 못할 것입니다. 그러니 여러분도 그런 생각은 하지 마십시오. 사실 저도 사람이 너무 적어 어떻게 될까 겁이 납니다. 그렇지만 목사가 공개적으로 약속한 말을 바꾸는 것은 하나님이 기뻐하시지 않을뿐더러 사람들에게도 상처를 주게 됩니다. 숫자가 적더라도 하나님이 보내 주신 사람들과 개척하도록 합시다."

이처럼 단호하게 말할 수 있었던 것은 오로지 하나님의 은혜였습니다.

**교인 50명에
교역자 13명**   참 감사한 것은 하나님이 돈도 풍족하게 안 주시고, 교인들도 많이 안 주시는데 서울영동교회에서 자란 신학대학원 학생들 가운데 여러 사람이 개척에 동참해 준 것입니다. 서울영동교회에는 고신을 비롯해서 장신, 총신, 아세아 연합 신학, 횃불 트리니티 신학, 웨스트민스터 신학 등에서 공부하는 학생들이 골고루 다 있었습니다. 그래서 우리는 스스로를 '잡신'이라고 불렀습니다.

서울 지역은 성도들이 교파와 상관없이 교회에 오는 경우가 많았습니다. 그들 중 신학교를 가게 되면 제 모교인 고려신학대학원으로 다 보낼 수가 없었습니다. 후원하는 것도 문제였고, 원래의 교파 배경에 따라 각자의 판단대로 신학대학원을 선택하도록 할 수밖에 없었습니다. 다른 신학교에 갔지만 함께 교회를 섬기는 사람도 있었고, 일부는 교회 출석만 하는 사람도 있었습니다. 그들 중 여러 신학생들이 개척에 동참하겠다고 나선 것이었습니다.

개척을 준비하던 초기에 동참할 교인들은 50명 정도밖에 안 되는데 교역자가 13명이나 되었습니다. 개척에 동참한 장로님들이 이것을 보고는 기가 막혀 하면서 사례 걱정을 했습니다. 그때 저는 장로님들께 이렇게 말했습니다.

"걱정하지 마십시오. 이들은 하나님이 개척 교회를 위해서 보내 주신 사람들입니다. 사례, 혹은 장학금 예산은 서울영동교회와 같이 세우되 재정이 되면 주고, 안 되면 안 주면 됩니다."

그때의 심정은 교회가 필요한 기본적인 지출을 하고 난 후, 20%든지, 50%든지, 얼마가 되든지 생활비를 필요한 대로 나누어 쓰면서 건강한 교회를 세우는 일에 힘을 합해 보자는 것이었습니다.

그러나 하나님의 은혜로 첫 달부터 예산을 세운 대로 사역자들의 장학금과 생활비를 지불할 수 있었습니다. 우리의 믿음이 약한 것을 아시고 너무 고생하지 않도록 주께서 은혜를 베푸신 것이라 생각합니다.

그렇게 유아부, 유치부, 유년부, 초등부, 중등부, 고등부, 대학부, 청년회, 청년부부회와 새가족부까지 연령별로 부서를 조직하고 사역자들이 투입되었습니다. 어떤 부서는 두 사람의 사역자로 시작되기도 했습니다. 작은 방을 많이 만들어서 많은 부서별 모임을 할 수 있었던 것도 하나님의 축복이었습니다.

작은 믿음을 꾸짖으신 하나님

한창 개척을 준비하고 있을 때였습니다. 서울영동교회에 다닌 지 6개월밖에 안 된 장로님과 권사님이 있었습니다. 지방에서 한의원을 하면서 암 치료에 이름을 얻어, 서울 강남에서 새로운 도전을 해 보려고 올라온 분들이었습니다.

처음 지방에서 올라왔을 때 '서울에서 제일 좋다는 큰 교회'에 갔는데 아무래도 안 맞더라고 했습니다. 큰 결심을 하고 서울영동교회로 옮겨 왔는데 6개월 만에 담임목사가 개척하러 나가겠다고 하니, 두 내외분이 고심을 했습니다. '한의원은 강남역 옆에 있고, 집은 잠실에 있는데 어디로 가야 하나?' 하고 말입니다.

그러다가 제가 개척하는 곳을 한번 구경하고 싶다고 해서 함께 분당에 와서 둘러보았습니다. 가는 길에 그분들은 "목사님, 우리 내외도 목사님 모시고 여생을 살기로 결정을 했습니다" 하고 말했습니다.

그 무렵 한의원의 운영이 무척 어려웠습니다. 서울영동교회에서 개척 헌금을 하기로 한 9월 마지막 주가 되자 장로님이 전화를 했습니다.

"목사님, 이번 주에 우리가 시골에 내려가기 때문에 주일에는 헌금에 직접 참여하지 못하게 되었습니다. 돌아와서 아내와 제가 각각 한 장씩, 두 장을 헌금하겠습니다."

이렇게 헌금을 구두로 약속했습니다. 헌금하기로 한 주일에 헌금액이 너무 적게 나오면 개척하는 사람들이나 본교회 성도들이나 모두 실망할 것 같아서 제 손으로 장로님과 권사님의 이름으로 헌금을 써 냈습니다. 두 장이라고 해서 두 분 이름으로 1,000만 원씩 두 개를 써서 냈습니다.

장로님과 권사님이 돌아와서 "목사님, 개척 준비 때문에 굉장히 바쁘고 돈도 많이 들어갈 텐데, 약속했던 헌금 중에 반을 먼저 준비했습니다" 하고 봉투를 하나 주었습니다. 봉투 속에는 1,000만 원이 아니라 1억 원이 들어 있었습니다.

저의 작은 믿음을 꾸짖으시듯 하나님은 이런 식으로 조금씩 필요한 돈을 채워 주셨습니다. 공중에 나는 새를 보라고, 염려하지 말라고 하셨는데 아직도 믿음이 부족해서 염려로부터 벗어나지 못하는 저를 하나님은 구체적으로 가르치시면서 한 걸음씩 나아가게 하셨습니다.

성도들의 투표 가운데
하나님이 주신 이름,
샘물 하나님의 인도하심 가운데 준비가 본격화되면서 교회 이름을 짓는 일이 시급한 과제였습니다. 새벽 기도회 중 계시처럼 받은, 제가 보기에는 기가 막힌 이름을 가지고 있었습니다. 그러나 제가 받은 이름을 교회 이름으로 하자고 하는 것은 너무 독단적인 태도라고 느껴져 일단 준비위원회에 "교회 이름을 어떻게 할까요?" 하고 물었습니다.

"목사님이 기도를 제일 많이 했을 테니까 교회 이름은 목사님이 짓도록 합시다."

이런 제안이 나오지 않을까 내심 기대했지만 아무도 그러지는 않았습니다. 회의에서 공모하기로 결정을 했습니다. 100여 개의 이름이 들어왔습니다. 그중에는 제가 계시처럼 받은 이름도 포함되어 있었습니다. 저는 그 이름을 저뿐만 아니라 모든 성도들이 좋아할 것이라고 확신했습니다. 그래도 마음이 놓이지 않아 평소에 적어 두었던 9개의 이름을 더 제안하여 제가 총 10개의 이름을 응모했습니다.

10월 초 개척 멤버들의 첫 기도회 때 105명이 모였습니다. 투표를 통해 10개를 뽑았는데, 놀랍게도 제가 제안한 이름은 하나도 포함되지 않았습니다.

'이럴 수가! 목사가 좋아하는 이름과 성도들이 좋아하는 이름이 이렇게 다르다니!'

그 사건은 저에게 두고두고 좋은 교훈이 되었습니다.

최종적으로 투표에서 뽑힌 이름이 '샘물'이었습니다. H자매님이 제안한 그 이름이 최종 확정되는 순간, 저는 기분이 좀 나빴습니다.

'샘물이라니! 이런 촌스러운 이름을 성도들이 좋아하다니!'

하지만 성도들의 투표를 통해서 하나님이 주신 이름임을 인정하지 않을 수 없었습니다.

그런데 재미있게도 다음 날 아침 "샘물교회"라고 발음해 보니까 신통하게도 이름이 괜찮다고 느껴졌습니다. 이름을 부를 때마다 느낌이 점점 좋아지기 시작하더니, 나중에는 '참 좋은 이름을 주셨구나' 하는 생각이 들었습니다. 그제야 하나님께 좋은 이름 주심을 감사했습니다. '어젯밤에 감사했더라면 얼마나 좋았을까?' 하는 생각을 하면서 말입니다.

소그룹 이름을 '구역', '순', 혹은 '다락방' 등 여러 가지를 두고 고심하다가 '샘터'로 지었습니다. 그리고 샘터의 리더 이름을 가지고 당회에서 '샘터지기', '샘터장', '구역장', '순장' 등을 놓고 토론했습니다. 젊은이들이 많은 교역자 회의에서는 '샘터지기'가 표를 더 많이 얻었는데, 연세 드신 분들이 많은 당회가 최종적인 결정권을 가지고 있어 결국 '샘터장'으로 결정되었습니다.

찬양대 이름도 '맑은샘', '깊은샘', '푸른샘', '옹달샘' 등으로 지어졌습니다. 누가 기획을 한 것도 아닌데 자연스럽게 이런 이름들이 지어졌습니다.

그 이름을 지은 사람들, 그 이름에 하나님의 마음을 담아 섬긴 이들이 바로 샘물교회를 세운 사람들입니다.

**교회란
과연 무엇인가** 부족한 것이 너무 많은 채 시작된 개척이었습니다. 하지만 하나님이 그 짧은 두 달 동안 샘물교회의 밑그림을 직접 그려 주셨습니다.

특히 개척 멤버들과 함께 했던 전략 회의를 통해 많은 아이디어를 주셨습니다. 샘물교회가 세워지는 데는 개척 초기에 매주 전략 회의를 하면서 고민하고 애쓴 신학대학원 학생들과 준비위원들의 역할이 컸습니다.

개척 준비 당시, 보통 주일 오후 3시쯤 되면 교회의 모든 프로그램이 끝났습니다. 그러면 신학대학원 학생들을 중심한 개척 멤버들이 기흥의 한 콘도에 모였습니다. 5시쯤 도착하면 샤워를 하고 저녁을 먹은 뒤 찬양을 하면서 기도회를 시작했습니다. 두어 시간의 기도회가 끝나면 세 가지에 집중하면서 함께 토론했습니다.

> 교회란 과연 무엇인가?

> 분당은 어떤 곳인가?

> 그렇다면 우리는 이곳에 어떤 교회를, 어떻게 세울 것인가?

참여한 모든 사람들이 과제를 받았습니다.

> 한스 큉은 교회가 무엇이라고 이야기하는가?

> 칼빈의 교회론의 핵심은 무엇인가?

> 릭 워렌은 교회의 본질을 어떻게 이해했고, 어떻게 캘리포니아에서 교회를 시작했는가?

이런 질문들을 가지고 추천된 중요한 책들을 나누어서 읽고, 매 주일 발표를 했습니다.

또 다른 사람들은 분당을 조사했습니다. 일주일 동안 각자가 맡은 대로 최대한 면밀하게 조사해 와서 발표하고, 그 내용을 근거로 분당에 어떤 교회를, 어떻게 세울 것인가에 대해 토의했습니다.

모임은 대개 새벽 2-3시가 되어야 끝이 났습니다. 잠깐 눈을 붙이고 다음 날 아침 각자 직장이나 학교로 흩어졌습니다. 이렇게 두 달 반 동안 모임을 계속했습니다.

'분당에는 30대가 가장 많다'는 것이 당시 보고 내용이었습니다. 자연스럽게 30대를 수 전도 대상으로 하여 교회를 시작하자는 데 의견이 모아졌습니다. 30대의 과제가 무엇인지 조사하자는 의견이 나왔고, 다음 모임 때 30대의 과제가 보고되었습니다. 30대의 최대 과제는 세 가지로 보고되었습니다.

> 소원해지기 시작한 부부 관계를 어떻게 잘 회복하고 유지할 것인가?
> 태어난 자녀를 어떻게 잘 양육할 것인가?
> 막 시작한 사회생활을 어떻게 잘할 수 있을까?

이와 같은 30대의 과제를 교회가 어떻게 도울 것인가에 초점을 맞추어 토론하고 기도했습니다. 주일 낮 예배의 형태를 30대에 맞도록 변경해 보자는 제안이 있었습니다. 토론 결과, 가족 예배 형태를 취하기로 했고, 준비 당회에서는 기꺼이 이 제안을 받아들였습니다.

샘물교회는 주일 낮 예배 시간이 되면 어린이를 포함한 모든 성도들이 본당에 함께 모입니다. 어린이 찬양 팀이 먼저 예배를 인도합니다. 온 가족이 본당에서 함께 찬양을 드리고, 어린이가 대표 기도를 인도합니다. 어린이 설교는 담당자들이 하이델베르그 문답으로 준비합니다. 설교 후 부모님들이 옆에 앉은 어린이들을 껴안고 "너는 시냇가에 심은 나무라" 하고 축복한 후 분반 공부 장소로 보냅니다. 이로써 가족 예배가 끝납니다. 그리고 이어서 성인들을 위한 예배가 진행됩니다.

대부분의 30대 부모들이 자녀들과 함께 이렇게 주일 예배를 드리는 것을 아주 좋아했습니다.

창립 멤버가 없는
교회를 만들자

- 목사, 장로 임기제 개척 준비 단계에서 제가 임기제를 제안했습니다.

"분당에 200여 개의 교회가 있는데 하나님이 또 하나의 교회를 세우시는 것이 아닙니다. 건강한 교회를 세우기 위해서 개척 멤버들은 두 임기를 일하고 물러납시다. 목사는 6년 일하고 1년 연구년을 갖고, 당회에서 3분의 2, 공동의회에서 3분의 2 이상의 신임을 얻으면 한 임기를 더 일하고 물러나게 합시다. 장로는 5년 일하고 안식년을 갖고, 당회에서 3분의 2, 공동의회에서 3분의 2 이상의 신임을 얻으면 한 임기를 더 시무하고 사역 장로가 되게 합시다."

당시 한국 교회는 세습 문제가 심각하게 대두되고 있었습니다. 작은 교회, 힘든 교회에서의 세습, 혹은 사역의 세습은 아름다운 일이라고 생각합니다. 그러나 큰 교회를 아버지가 세웠다고 경험도 없는 자녀를 후임으로 세워 물려주는 것은 하나님의 교회를 사람의 교회로 만드는 범죄 행위와 다르지 않다고 생각했습니다.

물론 아버지 목사의 영향 아래 진행되지 않고, 성도들이 진심으로 원해서 이루어지는 세습이라면 큰 문제는 없다고 생각합니다. 하지만 대개의 경우 막강한 영향력을 가지고 있는 전임자 아버지 목사가 자녀를 세워서 자신의 영향력을 약화시키지 않으려고 하는 인간적인 계산과 함께 세습이 이루어지고 있는 게 현실입니다. 저는 이로 인해 한국 교회가 입은 손해가 막대하다고 생각합니다. 해서 우리는 교회를 시작하면서 아예 창립 멤버가 없는 교회를 만들자고 의논했던 것입니다.

교회가 시작되고 첫 공동의회를 소집했을 때 교회 정관이 통과되면서 목사, 장로 임기제도 함께 결정되었습니다. 교회를 교회답게 하는 최고의 방법이라고 생각하지는 않습니다. 그러나 적어도 당면한 한국 교회의 문제를 선하게 풀어 가고자 하는 노력의 일환으로 이런 결정을 내린 것입니다.

재정 원칙   돈을 어떻게 벌고, 어떻게 쓰는가를 보면 그가 어떤 사람인가를 알 수 있습니다. 교회 또한 재정을 어떻게 모으고, 어떻게 사용하는가를 보면 교회의 건강 여부를 알 수 있다고 생각합니다.

교회는 하나님 없이 고통과 외로움 가운데 살아가는 사람들을 하나님의 평강 가운데 인도하기 위해 세워진 그리스도의 몸입니다. 비신자들이 그리스도의 제자가 되어 하나님의 평화를 누리며 이 땅에서의 삶을 살게 하는 것은 쉬운 일이 아닙니다. 이 목적을 이루기 위해서 돈 문제는 여간 조심해서 다루지 않으면 안 되는 민감한 문제입니다.

따라서 저는 헌금에 관한 설교를 1년에 한 번쯤 합니다. 주로 1월 둘째 주일에 선교 헌금을 작정할 때 헌신에 관한 설교를 하면서, 적어도 수입의 10분의 1을 주께 드려 하나님의 나라를 위해서 함께 섬기자고 권면합니다. 이외에 설교 준비를 하면서 본문이 헌신을 가르치는 경우, 연중 한 번쯤 헌금이나 십일조를 더 가르치기도 합니다.

십일조는 구약의 율법적인 개념이 아닙니다. 구약에서 십일조는 안식일, 음식 구별법, 그리고 할례 등과 함께 율법의 기본을 이루는 법이었습니다. 십일조를 드리지 않는 자는 하나님의 것을 도적질하는 자로 규정되었고, 유대인 공동체에서 잘렸습니다. 음식을 구별해서 먹지 않는 자, 안식일을 지키지 않는 자, 할례를 받지 않는 자도 마찬가지였습니다.

그러나 신약 교회가 세워지면서 율법이 재해석되기 시작했습니다. 구약의 십일조는 로마가 통치하는 세상에서는 그대로 지켜질 수가 없었습니다. 그러나 복음적인 교회들이 그동안 해 온 예를 따라서 자기 수입의 10분의 1 정도는 교회를 통해서 주께 드려 하나님의 나라를 세우는 일에 쓰자고 권면한 것입니다.

샘물교회는 VIP(세례 받기 이전의 초신자, 전도 대상자)가 교회에 오면 새가족부가 주관해서 일대일 모임을 갖습니다. 이 과정에서 기초 성경 공부를 4-6주간 갖습니다. 그 후 제가 인도하는 '생명의 삶' 반에 11주간 참여합니다. 이 과정을 마치면 세례를 베풉니다.

그즈음 '정회원 헌신 동의서'에 서명하는 시간이 있습니다. 예수 그리스도를 영접하면 누구나 세례를 받을 수 있습니다. 그러나 정회원이 되는 데는 의무가 좀 더 부가됩니다. 샘물교회의 정회원이 되려면 적어도 자기 수입의 10분의 1을 교회 공동체를 통해서 주님께 드리겠다고 약속해야 합니다. 자기 수입의 10분의 1을 주인 되신 주님께 드리지 못한다면 바른 신앙을 가진 사람으로 보기 어렵다고 생각하기 때문에 처음 믿는 분들께 십일조를 가르칩니다.

재정 관리는 공개를 원칙으로 합니다. 성도들은 자기가 헌금한 내역을 개인 비밀번호를 사용해서 교회 홈페이지에 들어와 언제나 확인할 수 있습니다. 교회 전체 수입과 지출도 언제든지 확인할 수 있습니다. 헌금 수입과 중요한 지출 결의 사항도 모두 주보를 통해 공개됩니다.

회의에서 결정되지 않은 돈은 한 푼도 지출할 수 없습니다. 재정부는 회의에서 지출을 결정한 사항에 대해서만 지출합니다. 담임목사를 포함해 누구라도 회의에서 결정되지 않은 돈을 쓸 수 없습니다. 급하게 사용해야 할 경우에는 30만 원 이내에서 재정부장이 선집행할 수 있으나 반드시 인터넷 당회에 보고해야 합니다.

교회 수입의 30% 정도는 선교, 구제, 장학금 등을 위한 외부 지원금으로 쓰려고 노력합니다. 서울영동교회 시절에는 제가 파송되기 한 해 전인 1997년의 경우, 55% 정도의 재정을 외부 지원금으로 사용했습니다. 샘물교회는 2011년에 60억 헌금 중 22억을 선교, 구제, 장학금으로 사용했으니까 30%가 조금 넘었습니다.

제 경험으로는, 교회가 안정이 되면 3분의 1은 교회 내부의 교육비나 구제금 등으로 사용하고, 3분의 1은 운영비로, 나머지 3분의 1은 외부 지원금으로 사용하면 좋지 않을까 합니다.

정회원 제도   목회를 하면서 세례를 받고 신앙을 고백했음에도 불구하고 전혀 헌신하지 않는 이들을 많이 봐 왔습니다. 샘물교회를 시작하면서 이 점에 대해 많은 생각을 했습니다. 교회를 위해서 헌신하지도 않으면서 교회를 어렵게 만드는 이들도 많았습니다.

그 대안으로 시작한 제도가 정회원 제도입니다. 최소한의 헌신을 하는 사람만 교회의 정회원이 되게 해서 그들이 교회를 섬기도록 하자는 취지에서였습니다.

앞서 언급했듯이 교회에 등록하는 사람은 새가족부에서 몇 주간 안내를 받고, 기초 성경 공부를 하고, 믿음이 있는 분들은 구원의 확신 점검 등을 하게 됩니다.

그 후 담임목사가 11주 동안 진행하는 '생명의 삶' 반에 참여해서 수료해야 정회원이 됩니다. 이 반은 처음 교회에 나온 초신자들을 위한 성경 공부반입니다. 구원에 관해서 집중적으로 가르쳐서 예수님을 영접하도록 도전하고, 어떻게 신앙생활을 해야 하는지 가르쳐서 과정을 잘 마친 사람들에게 세례를 주는 것입니다. 그러나 이미 믿음을 가지고 있는 분들이라도 이 반에 와서 담임목사와 기초 성경 공부를 같이 하면서 성경의 중요한 가르침을 재정리하고, 교회가 어떤 방향으로 가려고 하는지를 나눌 수 있습니다.

'생명의 삶' 11주차에 모든 과정이 끝난 후 '정회원 헌신 동의서'를 나누어 주고 자세한 설명을 합니다. 먼저 예수 그리스도를 주로 고백하는 신앙고백을 하게 합니다. 예수님이 내 삶의 주인이시라면 어떻게 신앙생활을 해야 할 것인지, 주로 다음 사항들을 구체적으로 질문합니다.

> 매 주일 목장 연합 예배(주일 낮 예배)에 빠짐없이 참석하며, 저녁에는 가족들이 함께 가정 예배를 드리겠는가?
> 매주 목장 모임에 빠짐없이 참석하겠는가?
> 성숙한 성도로 자라도록 작은 목자 훈련에 참여하겠는가?
> 수입이 생기면 내 돈과 생명의 주인이신 주님께 10분의 1을 드리겠는가?
> 가정을 하나님이 기뻐하시는 교회로 세우겠는가?
> 자녀를 그리스도의 제자로 양육하겠는가?
> 일터를 하나님이 보내신 사역지로 여기고 섬기겠는가?
> "모든 민족을 그리스도의 제자로 삼으라"는 지상명령에 순종하려는 교회의 일원으로서 교회의 지도력에 순종하며 함께 섬기겠는가?
> 잘못을 했을 때 교회가 행하는 치리를 기쁘게 받겠는가?

주일 성수는 전통적인 개념의 것이 아닙니다. 제가 가르치는 주일 성수의 핵심은 공동체 예배에 기쁨으로 참여하며, 가족들이 함께 적어도 주일 한 번만이라도 가정 예배를 드리는 것입니다. 그리고 주일 하루는 일을 쉬고 가족들과 성도들과 교제하며 천국에서 누릴 기쁨을 미리 맛보게 하는 것입니다.

정회원이 아닌 사람은 공동의회의 회원이 아닙니다. 아무리 열심히 교회에 다녀도 교회의 회원은 못 되는 것입니다. 직분도 물론 받을 수 없습니다. 그러므로 잘못했을 때 치리를 받는 것도 정회원만의 특권 중 하나입니다.

온 교회가 축복하는 유아 세례

1998년 10월 24일 샘물교회의 첫 예배 때 첫 번째 유아 세례에 동참했던 성도들은 그 감동을 지금도 잊지 못한다고 말합니다.

먼저 강단 앞 대형 스크린에 세례 받는 아기의 웃는 얼굴을 크게 비춰 놓고, 가족사진도 함께 보여 줍니다. 그리고 한 주에 한 명의 아기가 유아 세례를 받습니다. 그러니까 그날은 온 성도들이 그 아기와 가족을 축복하는 날이 되는 것입니다.

아기와 가족이 강단 위에 서면 축하하는 사람들이 꽃과 풍선을 들고 주위에 둘러섭니다. 예배실 조명을 끄고 축하하는 사람들이 모두 촛불을 들고 불빛이 은은하게 비치는 가운데 유아 세례가 진행됩니다. 이때 부모에게 네 가지 질문을 합니다.

> 품에 안은 ○○가 하나님이 두 분에게 보내신 언약의 자녀임을 믿습니까?
> ○○가 또한 예수 그리스도의 피로 씻음 받아야 할 죄인임을 알고, 최선을 다해서 ○○가 구원받아 하나님의 자녀가 되도록 기도하며 노력하겠습니까?

> ○○를 양육하면서 단순히 세상의 지식이나 부모의 아이디어가 아니라 하나님의 말씀과 성령님의 도우심을 통해 양육하며, 가장 가까운 곳에서 잘 살피면서 ○○가 어떤 은사를 가지고 있는지, 어떤 일을 남보다 잘하며, 어떤 일을 하면서 기뻐하는지 파악해서 하나님이 원하시는 그리스도의 제자로 양육할 것을 약속하겠습니까?

> 주께서 ○○를 전도자로 부르실 때에라도 기꺼이 순종하겠습니까?

부모를 향한 질문이 끝나면 회중에게 다음과 같이 질문합니다.

> 교회는 큰 가정이며 가정은 작은 교회입니다. 이 아기는 이 가정으로, 그리고 동시에 이 교회로 보냄을 받았습니다. 이 아기의 부모가 받은 자녀 양육의 책임은 우리 공동체가 함께 감당해야 할 책임입니다. 이 아기를 우리의 가족으로 받고 부모와 함께 이 아기의 양육의 책임을 우리 공동체가 함께 지겠다는 의미로 "아멘"으로 화답하겠습니까?

이 질문에 온 성도가 함께 "아멘"으로 화답합니다.

그 후 목자 부부가 아기의 얼굴을 교인들 쪽으로 향하게 안고, 그 뒤를 담임목사가 따르고, 그 뒤를 아기의 부모가 따르고, 그 뒤를 축하하는 사람들이 따르며 다 같이 예배실 안을 한 바퀴 돕니다. 성도들은 아기와 가족들을 바라보면서 축복송을 부르며 마음껏 축복합니다. 목자의 자녀인 경우에는 초원지기가 아기를 안고, 초원지기의 자녀인 경우에는 평원지기가 안습니다.

이 시간은 단순히 한 가정을 축복하는 시간이 아닙니다. 순서 하나하나가 진행되면서 자연스럽게 자녀와 가정의 중요성, 하나님이 주신 부모의 책임 등이 강조됩니다.

저는 부모와 아기를 위한 기도를 드릴 때도 의도적으로 부모의 책임을 강조합니다. 이 아기가 자라면서 엄마, 아빠의 얼굴에서 예수 그리스도의 모습을 발견하지 못할 때 이 아기의 삶이 얼마나 피곤하고 힘들어지는지를 부모가 잊지 않게 해 달라고 기도합니다.

기도를 드릴 때 아빠들이 아기를 안고 있고, 제가 그 어깨에 손을 얹고 기도하는데, 가끔씩은 기도하는 중에 아빠들의 몸이 부르르 떨리는 것이 느껴지기도 합니다. 어떤 아빠는 "목사님이 '아빠, 엄마의 얼굴에서 하나님의 얼굴을 보게 해 주십시오'라고 기도할 때는 털썩 주저앉고 싶었습니다" 하고 말하기도 했습니다.

그 어떤 순간보다 진지하고, 마음을 다해 가정을 생각하고, 다음 세대를 생각하며, 대를 이어 이루어 가야 할 신앙 운동의 영속성을 생각하는 시간인 것입니다.

4부 예배에 참석하는 부모들은 유아 세례와 함께 간증을 하기도 합니다. 이 아기를 받고 하나님께 어떻게 감사한지, 그리고 이 아기를 하나님 앞에서 어떻게 키울 것인지 '양육 서약'과 함께 간증을 하는데, 대부분 눈물과 함께 이어집니다.

이처럼 세밀하게 신경 쓰면서 진행하다 보니 이제는 유아 세례가 교회의 아주 중요한 예식이 되었습니다. 유아 세례를 받는 것을 보고 다들 아기를 하나 더 낳고 싶다고 말할 정도입니다. 이렇게 자녀 양육의 중요성이 강조되면서 자연히 가정이 강조되고, 부부의 삶이 강조되는 것을 경험하고 있습니다.

한번은 분당의 한 여교사가 교회에 등록을 했습니다. 신혼인 그분이 등록하면서 부탁하기를, "남편이 예수님을 안 믿지만 그래도 우리 아기가 태어날 때 유아 세례를 꼭 받을 수 있게 해 주세요" 했습니다. 이전에는 엄마만 믿는 경우 아빠가 반대하지 않으면 유아 세례를 베풀었습니다. 그러나 지금은 부부가 함께 믿어야 유아 세례를 베풉니다. 따라서 그분께 이번 기회에 남편을 한번 전도해 보자고 제안했습니다.

그분은 남편을 설득해서 교회 예배 시간에 유아 세례를 받는 모습을 보여 주었습니다. "온 교회가 우리 가정을 축복하는 저 예식을 받기 위해서는 당신이 믿음을 가져야 해요" 하고 도전했습니다. 남편은 가정을 그렇게까지 축복해 준다면 교회에 출석하겠다고 약속했고, 자신의 아기가 유아 세례를 받는 날 학습 교인이 되었습니다.

그날 아기의 할아버지, 할머니도 왔습니다. 평생 한 번도 교회에 와 보지 않은 분들인데 며느리가 설득해서 모시고 온 것입니다. 어떻게 모시고 올 수 있었냐고 물었더니, "아버님, 어머님, 오늘은 우리 아기를 온 교회가 축복해 주는 날입니다. 꼭 오셔야 됩니다. 이런 중요한 날 할아버지, 할머니가 없으면 어떻게 합니까?" 했더니 오셨다는 것입니다.

할아버지, 할머니 입장에서는 자신이 생명처럼 소중히 여기는 손자가 태어나서 처음으로 많은 사람들의 축복을 받는 자리라는데 안 올 수가 없었던 것입니다.

그분들은 제게 "목사님, 제 평생에 오늘 교회에 처음 오는 겁니다" 하며 인사를 했습니다. 제가 아기를 안고 한 바퀴 돌 때 할아버지, 할머니도 뒤따라 온 예배실을 한 바퀴 돌았습니다. 복음이 한 가정에 뿌리내리는 것을 느낄 수 있었습니다.

하나님이
홍보해 주신 교회   샘물교회의 사역을 뒤돌아보면서 누구보다 고마운 분은 L목사님입니다. 제가 분당에서 개척하도록 도전했던 L목사님은 샘물교회를 위해서 수천만 원어치의 본당 의자를 기증해 주었고, 그 위에 따로 적지 않은 헌금도 해 주었습니다. 섬기고 있는 교회 성도들에게 가까이 있는 사람은 샘물교회로 가라고 광고까지 해 주면서 우리 교회를 섬겨 주었습니다.

그런 광고에도 불구하고 G교회 성도들은 자기 교회가 좋으니까 거의 오지 않았지만, 우리에게는 큰 격려가 되었습니다. 이 지면을 빌려 다시 한 번 L목사님과 G교회에 감사를 드립니다.

샘물교회 개척 당시 저는 국민일보의 상담 코너에 글을 쓰고 있었습니다. 글 말미에 "서울영동교회 담임목사"라고 소개되다가 어느 날부터 "샘물교회 담임목사"라고 바뀌었습니다. 그때 국민일보가 샘물교회의 개척 소식을 소상하게 전해 주었습니다.

그런가 하면 비슷한 시기에 조선일보에서 인터뷰를 하자고 연락이 왔습니다. 당시 조선일보 종교란에 "내일을 연다"라는 코너가 있었는데, 거기에 토요일마다 조용기, 곽선희, 김장환, 옥한흠, 김삼환, 홍정길, 하용조 목사님 같은 유명한 목사님들이 소개되고 있었습니다. 저도 관심을 가지고 그 글들을 주말마다 읽고 있었습니다. 그런데 그 코너의 담당자가 저를 인터뷰하겠다고 연락해 왔습니다. 담당 기자에게 그리스도인이냐고 물으니 아니라고 했습니다. '이 사람이 비신자라서 뭘 모르는구나' 생각하고 이렇게 말했습니다.

"전화를 잘못했습니다. 지금 거기에 나오는 분들은 한국에서 가장 유명한 목사님들인데, 저는 거기에 나갈 사람이 못 됩니다. 원한다면 제가 사람을 소개하겠습니다."

담당 기자는 이렇게 답했습니다.

"네. 그동안에는 한국의 유명한 스타 목사님들을 주로 소개했는데, 데스크에서 방침을 변경했습니다. 개혁 성향이 강한 40대 목회자를 찾으라는 명령이 떨어졌습니다."

저는 그에게 다시 물었습니다.

"기자님은 교회도 안 다닌다면서 저를 어떻게 압니까?"

"주변의 그리스도인들 중에 아는 교수님이나 기자들에게 물었더니 여러 분들이 박 목사님을 추천했습니다."

기자의 말을 들은 후 막 시작한 교회를 위해서 하나님이 주시는 선물이라고 생각하고 취재에 응했습니다. 얼마 후에 기사가 조선일보에 크게 났습니다.

분당에는 강남의 대형 교회 성도들이 많이 살고 있습니다. 그분들이 이웃을 전도하거나 새로 이사 오는 사람을 만나면 자기 교회까지 데려가기에는 거리가 너무 멉니다. 짐작건대 신문에서 본, 가까이에 있는 샘물교회를 그들에게 소개한 경우가 많았던 것 같습니다. 등록하는 분들이 "이웃에 사는 ○○교회 집사님이 샘물교회로 가라고 했습니다"라고 말하는 것을 종종 듣곤 했습니다.

교회를 시작한 이듬해인 1999년에는 MBC 〈PD수첩〉에서 취재를 요청했습니다. 〈PD수첩〉에서 여의도 Y교회의 재정 비리, 강남 K교회의 세습 문제, 그리고 역시 강남 C교회의 문제를 고발하는 프로그램을 준비하면서 괜찮은 교회와 사역자 세 사람을 함께 취재했는데, 그중 한 사람으로 제가 들어가게 되었습니다.

이 프로그램의 담당 PD도 비신자였는데, 어떻게 된 거냐고 물으니까 여러 분들이 저를 추천했다고 했습니다.

이 방송의 영향도 컸습니다. 샘물교회에 관한 내용물이 약 3-4분 정도 방송되었는데, 〈PD수첩〉 쪽의 말로는 방송을 본 사람이 300만 명 이상 된다고 했습니다.

시간이 지나면서 사람들이 샘물교회 하면 '〈PD수첩〉에도 나오고 조선일보에도 소개된 괜찮은 교회'라는 식으로 기억하기 시작했습니다. 당시 샘물교회는 수평 이동을 받고 있었기 때문에 이런 일을 통해서 이사 오는 사람들이 등록을 많이 하게 되었습니다.

장로들,
재정 결재권을
내려놓다

교회가 시작되고 몇 해 지났을 때 당회원들과 모든 사역자들이 간담회를 가졌습니다. 무엇이든지 교회의 발전을 위해서 진솔하게 얘기해 보자고 모인 자리였습니다. 신학대학원 학생이었던 여전도사가 당돌하게 질문을 했습니다.

"장로님, 정말 솔직하게 얘기해도 되나요?"

연세 드신 장로님 한 분이 답했습니다.

"무슨 얘기든지 해 보세요. 사역을 하면서 무엇이 가장 어려운 일인지 솔직하게 얘기해 보세요."

이 말에 어린 여전도사가 고무되어 아주 솔직하게 얘기했습니다.

"저는요, 교육위원장 장로님을 설득하는 것이 제 사역에서 제일 힘든 일인 것 같아요."

교육위원장 장로님은 물론 모든 장로님들이 긴장하기 시작했습니다. 원래 재정 지출 과정은 각 부서의 책임 교사(부장)가 교육위원장에게 지출결의서 결재를 받아 재정부에서 돈을 타게 되어 있었습니다. 그러나 주일에 책임 교사들이 바쁘다고 일찍 가 버려 교육전도사들이 교육위원장 장로님께 지출결의서를 들고 가는 일이 많았습니다.

장로님은 그냥 사인만 해 주기에는 너무 성의가 없어 보이고 직무

유기 같으니까 내용을 살펴본 후 몇 가지 질문을 했습니다. 교육전도사는 부모님보다 나이가 더 많고, 교육 현장을 잘 모르는 장로님께 왜 그 책을 구입해야 하며, 풍선은 왜 필요한지를 설명해야 하는 것입니다. 장로님의 질문은 아무리 인자한 목소리로 말해도 어렵게 들릴 수밖에 없었고, 장로님이 결재하기 전까지 교육전도사는 긴장할 수밖에 없었습니다.

이 어린 여전도사의 솔직한 얘기를 들은 교육위원장 장로님은 탄식하듯 말했습니다.

"목사님, 이런 문제가 있는 줄 몰랐습니다. 우리가 열심히 일하려고 하는 사역자들에게 걸림돌이 되는 것 같으니까 장로가 재정을 결재하는 제도를 바꾸는 것이 좋겠습니다."

그해 연말에 팀장들이 재정 결재권을 갖는 안이 당회에 제안되었습니다. 반대하는 한두 분의 장로님들은 큰 소리로 장로가 할 일이 아무 것도 없지 않느냐고 주장했지만, 결국 다수 당회원들의 동의로 통과되었습니다.

팀장은 안수집사에 해당한다고 할 수 있습니다. 샘물교회는 안수집사 제도가 없습니다. 안수집사는 장로가 되기 위한 징검다리라고 인식하는 경향이 교회마다 강했습니다. 안수집사가 장로로 피택되지 않으면 수치스럽게 생각하고 교회를 떠나는 사람도 많이 보았습니다.

해서 서울영동교회 시절부터 안수집사 제도 대신 당회의 임명을 받아 그 역할을 할 사람들을 세웠습니다. 2년 정도 일하고 나면 바꾸기도 하고, 좀 더 사역하도록 재임명하기도 했습니다. 안수집사 제도보다 장점이 많다고 생각되어 샘물교회는 팀장이란 이름으로 일꾼을 세우는 제도를 적극 활용했습니다.

당회가 결정도 하고, 집행도 하는 구조는 교회를 건강하게 세우는 일을 어렵게 만드는 측면이 많습니다. 따라서 재정부장이 교회의 재정 결재권을 갖는 구조가 아니라 팀장들이 재정을 집행하고, 당회가 감독할 때 교회가 민주적으로 운영되는 데 효과적이고, 훨씬 사역이 건강하게 진행된다고 믿습니다.

말아톤복지재단

설립 샘물교회는 시작될 때부터 장애인 사역을 했습니다. 남보다 무거운 짐을 지고 힘들어하는 장애인 부모님들을 섬기는 것이 중요하다고 생각했기 때문입니다. 교회에서 자체적으로 여러 가지 사역을 하던 중 제가 이사장으로 섬기던 한민족복지재단이 영화 〈말아톤〉 팀과 연결이 되었습니다.

장애인 배형진 씨의 실화를 가지고 만든 영화 〈말아톤〉은 많은 사람들의 심금을 울린 작품입니다.

"〈말아톤〉이 제기한 문제를 어떻게 풀어 갈 것인가?"

이 질문을 앞에 놓고, 복지재단을 설립해서 장애인들을 섬기자고 뜻을 하나로 모았습니다. 발대식을 국회의원 회관에서 성대하게 했습니다.

복지재단 설립의 실무는 샘물교회 장애인 사역 팀이 맡았습니다. 이 팀을 맡아 섬긴 L목사님이 수고를 많이 했습니다. 장애인복지재단의 설립은 만만한 일이 아니었습니다. 그러나 하나님의 은혜 가운데 결국 정부의 허락을 받아 냈습니다.

어느 날 L목사님이 흥분하며 전화를 했습니다.

"목사님, 일이 잘 풀릴 것 같습니다!"

무슨 소리냐고 물었더니 그동안 아주 깐깐하던 담당 공무원이 다른 사람으로 바뀌었다는 것입니다.

새 공무원에게 복지재단 설립에 관한 설명을 시작하는데, "이분이 목사님을 잘 알고 있습니다. 저쪽으로 가십시다" 하면서 한쪽으로 데려가서 하는 말이, "목사님, 저는 샘물교회 교인입니다" 그러더라는 것입니다.

L목사님이 흥분할 만했습니다. 정부 입장에서 생각하면 복지재단을 허락해 주는 것은 아주 중요한 일입니다. 정부 예산을 지원해 주어야 하고, 재단을 감독하고 관리해야 하기 때문입니다. 재단이 일을 잘못하면 보통 골칫거리가 아닙니다. 그래서 깐깐하게 대할 수밖에 없는 것입니다.

그런데 그 자리에 샘물교회 교인을 앉혀 놓았다는 소식을 들으면서 '때가 되었구나!' 생각했고, 얼마 후 복지법인 인가를 받았습니다.

마침내 주께서 말아톤복지법인을 허락해 주셨고, 사역은 더욱 본격적으로 시작되었습니다. 장애인들이 취직을 해서 사회생활을 할 수 있도록 일자리를 만드는 일이 시작되었습니다.

샘물교회 1층에 올카페 1호점을 만들어서 장애인들 여러 명이 일하게 되었습니다. 올카페 2호점은 인천대교 주식회사 사장님의 도움으로 인천대교 기념관 내에 만들게 되었습니다. 지금은 관심을 가진 또 다른 교회나 시설에 3호점을 만드는 일이 진행되고 있습니다. 2014년 여름, 동백 상하동에 샘물중고등학교와 은혜샘물교회와 판교샘물교회가 입주하게 되면 3호점이 생길 것인데 그전에 다른 곳에서 3호점이 생기기를 기도합니다.

그 외에도 장애인들의 직업 교육을 위한 시설을 만들고 있고, 단기 보호 시설과 그룹 홈을 운영하고 있습니다. 그룹 홈은 장애인들이 가족을 떠나 그들끼리 모여 사는 시설입니다. 스스로의 삶을 자신의 힘으로 살아가는 훈련을 하는 것입니다. 가장 절실한 도움을 필요로 하는 이들을 비록 작은 것으로나마 섬길 수 있는 것은 하나님의 큰 은혜입니다.

5% 구제 사역,
사랑마루

무료 급식소　　　어느 날 성남시 복정동에 있던 무료 급식소가 없어진 것을 알게 되었습니다. 10여 년 전 처음 분당에 왔을 때 성남시 기독교연합회가 무료 급식소에 봉사를 오라고 해서 1년에 두 차례씩 여러 해 동안 섬겼습니다. 그런데 봉사하러 오라는 연락이 없었습니다. 마침 연합회 총무를 만나 물었더니 너무 힘이 들어 중단했다는 것이었습니다.

'성남 지역에 교회가 800여 개가 있는데 가장 가난한 사람들을 섬기던 무료 급식소가 없어지다니!'

마음이 아팠습니다. 기도하던 중 하나님이 제게 부담을 주셨습니다. 샘물교회가 할 수 있는 일이 아니었습니다. 더군다나 교회 부채에 대한 부담 때문에 제가 돈이 들어가는 사역은 더 이상 하지 않겠다고 말해 놓은 상태라 이 사역을 할 수가 없었습니다.

하나님이 주시는 부담 때문에 기도하던 중 설교 시간에 성도들에게 호소했습니다.

"교회 재정으로는 어려운 사람들을 섬기는 일을 할 수가 없습니다. 어렵다, 어렵다 하지만 분당에 사는 사람들은 그래도 형편이 좀 낫지 않습니까! 생활비 5%를 줄입시다. 그 돈으로 어려운 사람들을 섬깁시다!"

성도들이 호응해 주어 상당한 헌금이 매달 들어왔습니다. 이 돈으로 어려운 사람들을 돕는 일을 시작했습니다. 그러던 중 사랑마루 무료 급식소가 시작되었습니다.

먼저 성남시 수정구 태평동에 50평의 땅을 빌려서 식당으로 만들고 주 2회 아침 식사를 나누는 봉사 활동을 샘물교회 단독으로 시작했습니다. 그렇게 6개월 정도 운영이 잘될 무렵 성남시 기독교연합회에 이 일을 맡으라고 제안을 했습니다. 당연히 못한다는 답이 돌아왔습니다.

다시 제안했습니다. 저를 기독교연합회 사회봉사위원장으로 임명해 주면 연합회 이름으로 책임지고 일하겠다고 했습니다. 임원들이 동의를 하고 저를 임명해 주었습니다.

그렇게 해서 주 5회 급식이 시작되었습니다. 지금은 매일 300여 명의 이웃들이 와서 아침을 먹고 갑니다. 봉사 팀의 절반은 교인이고 절반은 일반 사회단체 구성원입니다.

사랑마루 건물에서는 근처에 사는 어려운 가정의 자녀들을 위한 무료 과외가 진행됩니다. 가난의 고리에서 벗어나게 하는 방법 중 하나는 아이들을 대학에 보내고, 괜찮은 직장을 갖게 하는 것입니다. 수준 높은 선생님들이 지역 학생들을 섬기고 있습니다.

다문화 가정의 자녀들을 위한 봉사도 펼치고 있습니다. 이 아이들은 사랑마루 장소까지 오는 것이 쉽지 않기 때문에 과외 선생님이 학생의 집으로 가서 각 과목을 지도합니다. 많은 성도들이 이 봉사에 참여하고 있습니다.

최근에는 사랑마루에 식사하러 오는 분들을 위해서, '물고기를 주는 것으로 충분치 않고 물고기를 잡는 법을 가르쳐야 한다'는 취지로 자립 농장을 시도했습니다. 장호원에 복숭아 농장을 열어 이사로 섬기는 여러 교회가 복숭아를 사 주면서 노숙자들에게 임금을 지불하는 뜻깊은 일이 있었습니다.

안타깝게도 복숭아 농장은 농장 주인이 임대료를 너무 많이 올려 중단하게 되었고 지금은 다른 길을 찾고 있습니다. 노숙자들이 스스로 경제적인 자립을 할 수 있는 길을 찾아 돕게 되기를 기도하고 있습니다.

2장

샘물교회 사역의 핵심
_ 가정 교회와 기독교 학교

건강한 교회의 표지는 여러 가지다. 그중 가장 중요한 한 가지는 초대 교회와 같은 본질을 회복하는 것이다. 가정 교회는 작은 공동체에 소속된 성도들이 서로 섬기며, 함께 그리스도의 성품을 닮아 가며, 세상을 섬김으로 하나님의 나라를 세워 가는 것을 목표로 한다.

모든 사람을 그리스도의 건강한 제자로 삼는 교회가 되고, 가정 교회를 통해서 보다 더 건강한 교회로 세워지기를 기대하는 샘물교회는 교회의 공동체성을 회복하기 위해 노력한다.

아울러 샘물교회는 2006년 3월에 처음 문을 연 샘물초등학교를 시작으로, 2009년 3월 샘물중학교, 2012년 3월 샘물고등학교를 설립, 운영하고 있다.

> "우리의 자녀들을
> 그리스도의 제자로 키우는 것,
> 그것이 샘물학교의 첫째 목표입니다."

가정 교회로의 전환을 결심하다

2002년 무렵 샘물교회의 교역자, 장로, 권사, 팀장 등 핵심 리더들이 모여 세미나를 했습니다. 샘물교회의 현황을 진단하고, 건강한 교회가 되기 위해서 우리가 감당해야 할 과제가 무엇인지 여러 차례에 걸쳐서 토론했습니다. 그때 얻은 결론은 두 가지였습니다.

> 건강한 교회를 위해서는 소그룹 운동이 더욱 활성화되어야 한다.
> 평신도 사역자들이 사역의 전면에 나서야 한다.

저는 이 과제를 가지고 2003년 여름, 연구년을 시작했습니다. 당시 샘물교회는 이미 제자 훈련을 하고 있었습니다. 사역 훈련까지 마친 사역자들이 샘터장이 되었고, 사역에 투입되었지만 소그룹인 샘터는 썩 활성화되지 못하고 있었습니다. 샘터에 참석하는 성도들의 숫자가 주일 낮 예배에 참석하는 성도들의 숫자의 40% 수준을 넘지 못하고 있었습니다. 여성 샘터장들은 비교적 잘 섬겼지만 남성 샘터장들은 대부분 지리멸렬 상태였습니다.

'어떻게 하면 평신도 사역자들이 목회 사역의 주인공이 되게 할 것인가? 어떻게 해야 소그룹이 활성화될 수 있을까?'

많이 고민하면서 먼저 'G12'와 '셀 사역'을 살폈습니다. 아이디어를 많이 얻었고 도전을 많이 받기는 했지만 그 길로 가고자 하는 열정이 생길 정도는 아니었습니다.

연구년을 마치고 돌아온 이후에도 리서치를 계속했습니다. 그때 C목사님의 가정 교회를 만났습니다. C목사님은 그분의 책 『구역 조직을 가정 교회로 바꾸라』를 읽으면서 처음 접하게 되었습니다. 책을 읽은 후 아내에게 "이 책 저자를 '박은조'라고 바꿔도 되겠다"고 말했던 기억이 납니다.

지금 생각하면 그 책의 내용을 충분히 이해하지 못했지만, 그때 생각으로는 목회 현장에서 같은 고민을 하고, 비슷한 해법을 찾는 사람이 바로 C목사님이라고 생각했습니다. 그때는 C목사님의 가정 교회 소그룹이 제가 하고 있는 제자 훈련 소그룹과 별반 차이가 없다고 여겼습니다. C목사님이 자신의 교회에서 실천해 보고, 책을 통해서 제안한 목장 사역의 방법에 대해서도 특별한 것이 없다고 느꼈습니다.

이미 제가 씨름하고 있는 제자 훈련 소그룹과 같은 것이라고 느꼈습니다.

2005년 여름, 복음주의목회연구원 친구들과 함께 경주에서 2박 3일 일정으로 가정 교회에 대한 자체 세미나를 가졌습니다. 당시 가정 교회 사역을 준비하고 있던 K목사님과 L목사님의 소개로 다시 가정 교회를 접하게 되었습니다. 이전과는 전혀 다른 느낌으로 다가왔습니다.

특히 C목사님이 섬기고 있는 휴스턴에 있는 교회의 경우 주일 낮 예배 출석 숫자가 1,000여 명인데 목장 참석 숫자가 1,100명쯤 되는 것을 보고 깜짝 놀랐습니다. 거의 전 교인들이 목장에 참석하고 있었고, 그 위에 VIP들이 목장마다 포진해 있는 모습이었습니다. 일단 초대를 받고 온 VIP들이 목장에서 익숙해지면 교회로 오는 모습이 놀라웠습니다. 샘물교회가 안고 있는 과제를 그 교회는 이미 훌륭하게 해결하고 있는 것 같았습니다.

C목사님의 책을 몇 권 더 읽고 도전을 받은 후 먼저 부교역자들을 국내의 가정 교회 세미나에 보냈습니다. 장로님들과 권사님들도 평신도를 위한 가정 교회 세미나에 참석하게 했습니다. 모두들 큰 도전을 받고 돌아왔습니다. 이후 당회는 2006년부터 가정 교회로 전환하기로 은혜롭게 결정했습니다.

2005년 여름, 한 번도 만난 적이 없는 C목사님께 메일을 보냈습니다. 이런 사정으로 가정 교회를 해 보려고 하는데 혹시 한국에 오면 우리 교회에 들러 가정 교회에 대한 강의를 한 번 해 줄 수 있겠느냐고 요청했습니다. 마침 가을에 한국에 온다는 답이 왔고, 9월의 월요일 저녁에 교회의 리더 200여 명이 C목사님의 강의를 들었습니다. 반응이 아주 좋았습니다.

한 달 전 이웃에서 셀을 하는 목사님의 강의를 들었는데, 그 강의에 대한 샘물교회 리더들의 반응은 현재 우리가 하고 있는 샘터보다 오히려 약하다는 것이었습니다. 그러나 C목사님의 강의를 들은 리더들의 반응은 두 가지였습니다. "우리가 이미 그 소그룹을 하고 있다"는 반응이 첫 번째였고, "C목사님의 가정 교회가 우리가 가야 할 길이다. 영적 DNA가 우리와 맞다"는 반응이 두 번째였습니다.

저는 C목사님께 제자 훈련 체제는 그대로 가지고 가면서 가정 교회를 도입해서 2006년 새해부터 시작하겠다고 말했습니다. C목사님은 너무 서둘지 말고 휴스턴의 가정 교회 세미나에 먼저 와 보라고 제안했습니다. 그때까지 저와 아내는 가정 교회 세미나에 참석하지 않았습니다. 참석할 필요가 없다고 생각하고 있었습니다. 가정 교회가 제가 목회하고 있는 소그룹과 비슷하기 때문에 얼마든지 할 수 있다고 여겼습니다.

C목사님의 충고를 들은 후 세미나에 직접 참석해 보지도 않고 가정 교회로 전환하겠다고 결정한 것은 너무 조급했다고 느껴져 가정 교회의 시작을 2007년으로 미루었습니다. 그리고 2006년 1월, 휴스턴의 가정 교회 세미나에 참석했습니다. 한 주간 동안 지각도 하지 않고, 졸지도 않고, 집중해서 C목사님의 강의를 들었습니다. 별로 새로운 얘기

가 없는 것 같았습니다.

그런데 셋째 날 강의를 듣던 중 뇌리를 스치고 지나가는 생각이 있었습니다.

'C목사님과 가정 교회가 양육하는 평신도 목회자는 담임목사급이구나. 그런데 나는 부목사 수준의 평신도 목회자를 키우고 있었구나!'

같은 소그룹 리더를 키우고 동역했지만, 저는 그들을 진정한 동역자로 여기지 않았다는 것을 깨달았습니다. 아직도 제가 전통적인 목회관을 가지고 있다는 것을 느낄 수 있었습니다. '목회는 담임목사인 내가 책임지고 하는 것이고, 목자들은 부목사들처럼 내 목회 방침을 따라서 나를 도우면 되는 사람이다' 라고 생각하며 양육하고 동역했던 것입니다.

이것은 제게 아주 소중한 발견이었습니다. 소그룹과 평신도 목회자에 대한 생각이 바뀌면서 지금까지 제가 했던 제자 훈련 소그룹이 왜 활성화되지 않았는지, 왜 C목사님의 교회의 소그룹이 활성화되었는지 그 이유를 찾아냈습니다. 담임목사인 제가 문제였던 것입니다.

소그룹 운동의 핵심과 가정 교회를 제대로 보기 시작하면서 해법도 보이기 시작했습니다.

**담임목사처럼
섬기는
평신도 목회자**

휴스턴의 가정 교회 세미나에서 '담임목회

자처럼 섬겨야 하는 평신도 목회자'에 대한 생각을 깨우친 직후 저는 샘물교회 행정목사에게 전화해서 이렇게 말했습니다.

"가정 교회와 관련된 모든 광고를 중단하십시오. 제가 돌아간 후 다시 시작합시다."

지금까지 목표가 잘못 설정되어 있었기 때문에 모든 것을 수정해야만 했습니다.

본격적인 준비가 시작되었습니다. 제일 먼저 제 설교가 바뀌기 시작했습니다. 목자로 함께 섬길 분들을 진심으로 동역자로 생각하면서, "모든 족속을 그리스도의 제자로 삼으라"는 주님의 명령에 순종하자고 호소했습니다. 매 주일 어떤 설교에서든지 결론에서는 "함께 목자가 되어서 모든 사람들을 제자 삼읍시다" 하고 요청했습니다. 나중에 한 형제가 "그때 '샘물교회에서 신앙생활을 하려면 목자를 안 하면 안 되겠구나' 하는 생각이 들었습니다" 하고 제게 말해 주었습니다.

모든 사역자 부부를 가정 교회 세미나에 참여케 했습니다. 장로님, 권사님들은 평신도를 위한 가정 교회 세미나와 컨퍼런스에 참여케 했습니다. 멀리까지 가서 세미나에 참석하기 어려운 분들을 위해서는 제가 강사가 되어 교회 내에서 가정 교회의 비전을 나누었습니다.

'가정 교회를 향한 100일 행진'은 2006년 10월부터 2007년 1월에 걸친 최종적인 준비 기간이었습니다. 그 내용은 다음과 같습니다.

모든 족속을 그리스도의 제자로 삼으라

2006년 10월 21일(토)-2007년 1월 28일(주일) : 100일간

사랑하는 샘물 가족 여러분!

지난 10월 8일(주일) 입당 감사 예배를 드렸습니다. 비록 부족한 것이 많은 예배당이지만 감격이 넘치는 시간이었습니다. 우리 샘물교회의 지난 8년을 회고해 볼 때 우리가 할 수 있는 말은 오직 하나뿐이라고 생각됩니다.

"모든 것이 하나님의 은혜였습니다."

새 예배당에 입주하는 이 순간까지 엎드려 기도하고 물질로, 시간으로 봉사하신 성도 여러분의 노고를 하나님이 기억하시고 축복하실 것을 믿습니다. 이 모든 것에 감사하여 북받치는 눈물을 참느라 무던히 애를 썼습니다. 성도 여러분, 정말 수고 많이 하셨습니다.

그러나 우리 모두는 이제 시작 지점에 섰음을 기억하십시다. 하나님이 왜 이곳에 이 처소를 허락하셨는지 마음에 새겨야 할 것입니다. 하나님은 우리 샘물교회가 '모든 사람을 그리스도의 건강한 제자로 삼는 교회'가 되기를 원하십니다. 이 목적을 위해서 8년 동안 헤아릴 수 없는 은혜를 우리 공동체에 부어 주셨습니다. 하나님이 이 처소를 우리에게 선물로 주신 것도 바로 이 일 때문임을 확신합니다.

우리는 하나님의 소원을 더욱 잘 이루어 드리기 위하여 내년 2월부터 '제2의 종교개혁'이라 일컬어지는 가정 교회로 나아가려고 합니다. 이 일을 위하여 우리에게 많은 준비가 필요합니다. 성도 여러분을 '가정 교회를 향한 100일 행진'에 초대합니다. 함께 기도하고, 함께 나아갑시다.

2006년 10월 18일 아침
여러분의 목사임을 최대의 기쁨으로 여기는 박은조 올림

'가정 교회를 향한 100일 행진' 일정

1. 제1차 성남성안교회 가정 교회 1일 체험(10월 21-22일)
2. 가정 교회를 세우는 공동체 40일 캠페인 시작, 이온유 선교사 파송 감사 예배(10월 22일)
3. 특별 새벽 기도회(10월 23일-11월 4일)
4. 열린문교회 이재철 목사 초청 가정 교회 준비를 위한 집회(10월 25일)
5. 추수감사주일, 8주년 기념주일, 세례식(10월 29일)
6. 리처드 포스터 목사 초청 영성 집회(11월 1일)
7. 선교와 구제를 위한 제8회 바자회(11월 4일)
8. 가정 교회 컨퍼런스(11월 7-9일)
9. 구미남교회 천석길 목사 초청 가정 교회 준비를 위한 집회(11월 8일)
10. 주서택 목사 초청 치유 집회(11월 15-17일)
11. 서울 구치소 추수 감사 예배(11월 18일)
12. 복지 주일(11월 19일)
13. 섬김을 위한 훈련(11월 19일부터 3회)
14. '생명의 삶' 제2기 수료, 목자 헌신자 제2차 모집
15. 제2차 성남성안교회 가정 교회 1일 체험(12월 2-3일)
16. 신원하 박사 초청 입양 사랑 주일(12월 3일)
17. 한진환 박사 초청 헌신 주일(12월 10일)
18. 목자 임명 준비(12월 14-15일)
19. 목자 임명, 목장 조직 시작(12월 17일)
20. 목자 훈련(12월, 2007년 1월)
21. 축제 주일(1월 28일)
22. 목자 임직식(2월 4일)

〈가정 교회를 향한 100일 행진 준비〉

1. 제1차 성남성안교회 가정 교회 1일 체험
   · 기간 : 2006년 10월 21일(토) 16:00-22일(주일) 13:30
   · 장소 : 성남시 중원구 상대원동 성남성안교회
   · 참가자 : 남 36명, 여 49명, 도합 85명

2. 가정 교회를 세우는 공동체 40일 캠페인
   · 캠페인 목적 : 하나님이 성도 개개인과 샘물 공동체를 존재하게 하신 목적과 이 목적을 위해 왜 우리가 서로 필요한 존재들인지에 대한 확고한 인식을 갖고, 그 인식에 따라 개인의 삶을 영위할 뿐 아니라 그 인식으로 세상을 섬기기 위함
   · 캠페인 기간 : 2006년 10월 22일(주일)-11월 30일(목) 40일간
   · 캠페인 내용
      가. 특별 새벽 기도회 : 10월 23일(월)-11월 4일(토) 2주간 매일 새벽 5시 시작(주일 제외)
      나. 특별 수요 집회
      - 기간 중 수요 기도회는 가정 교회를 기 실시하고 있는 교회의 목회자와 영성 및 치유 전문 목회자를 초청하여 실시
      - 전 교인 참석
      - 기간 중 수요 기도회는 오전은 모이지 않고 저녁(19:30)에만 모임(11월 22일과 29일 수요일은 평소처럼 오전과 오후에 모임)

- 수요 집회 설교자

일자	주제	강사	강사 약력
10.25(수) 저녁 7:30	가정 교회	이재철 목사	서울열린문교회 담임
11.1(수) 저녁 7:30	영성	리처드 포스터 목사	『기도』, 『영적 훈련과 성장』의 저자, 레노바레 운동 창립자
11.8(수) 저녁 7:30	가정 교회	천석길 목사	경북구미남교회 담임
11.15(수)–17(금) 저녁과 새벽 집회	치유	주서택 목사	전 한국 CCC 총무, 내적치유사역 연구원장, 청주주님의교회 담임

다. 기간 중 샘터별 봉사 활동 개별 실시(샘터장 재량으로)

라. 가정 교회로의 도약을 위한 준비

· 캠페인 방법

가. 개인

- 특별 새벽 기도회 및 새벽 기도회 참여

- 《복 있는 사람》으로 매일 큐티 실시

- 기간 중 샘터 모임은 반드시 참석

나. 샘터 모임

- 식사와 교제 중심의 가정 교회 형태의 모임으로 시험 운영

- 기간 중 여성 샘터와 남성 샘터는 가능한 부부 샘터 모임으로 모임

- 샘터 모임 시 당해 주간의 설교 요약본으로 진행(수요 샘터장 모임 시 요약본 제공)

다. 교회

- 특별 새벽 기도회

- 6주간의 주제를 가진 주일 특별 예배
- 수요 기도회 : 가정 교회를 실시하는 교회의 목회자와 영성 및 치유 전문 목회자 초청(수요 기도회는 1회로 통합 운영 : 오후 7:30)
- 수요 샘터장 모임 : 당해 주간의 설교 요약본을 중심으로 모임 (오전 10:30, 오후는 예배 후, 설교 요약본 교회 제공)
- 금요 기도회 : 기간 중 실시하지 않음(2006년 12월 1일부터 실시)
- 주서택 목사의 내적치유세미나 기간 중 금요일 저녁 모임은 집회에 참석하는 연합 샘터 모임으로 모임

라. 기타 사항

    목자 헌신자 모집 등 기간 중 가정 교회로의 도약을 위한 준비를 병행

3. 선교와 구제를 위한 제8회 바자회

· 일시 : 11월 4일(토)

· 지원 대상 : 네네쯔 종족 송은섭 선교사

              파라과이 김진호 선교사

              우즈베키스탄 김성엽, 박한나 선교사

              중국 안광록, 윤옥순 선교사

              그 외 몇 곳

4. 복지 주일(11월 19일)
- 주께서 우리에게 말아톤복지재단을 한민족복지재단과 함께 설립하도록 길을 여심. 이를 감사하고, 세상을 섬기는 우리의 책임을 다시 한 번 주님께 고백하는 주일 예배를 드림
- 아울러서 성도들이 섬기는 자가 될 수 있도록 자원 봉사자 훈련을 11월 19일 주일 저녁부터 3회에 걸쳐서 실시함

5. 목자 헌신자 제2차 모집
- '생명의 삶' 제2차 강의가 11월 25일 끝나면 목자로 섬길 헌신자 모집을 다시 실시함.
- 기존 240여 명의 헌신자와 함께 이분들을 목자, 대행 목자, 예비 목자로 임명할 준비를 12월 중순까지 마침

6. 제2차 성남성안교회 가정 교회 1일 체험
- 기간 : 2006년 12월 2일(토) 16:00-3일(주일) 13:30
- 장소 : 성남시 중원구 상대원동 성남성안교회
- 참가 인원 : 80명 제한
- 성남성안교회 가정 교회 1일 체험은 2차로 마감하며, 이후는 2박 3일간 실시하는 평신도 세미나에 참석해야 함

7. 신원하 박사 초청 입양 사랑 주일

· 일시 : 12월 3일(주일) 2, 3, 4부 예배
· 입양은 하나님이 원조이심. 하나님의 사랑을 실천하며 제자 삼는 가장 좋은 길 중 하나인 입양 운동을 위해서 입양 사랑 주일 예배를 드림

8. 한진환 박사 초청 헌신 주일

· 일시 : 2006년 12월 10일(주일) 2, 3, 4부 예배
· "모든 족속을 제자 삼으라"는 주님의 명령에 대한 헌신과 결단의 시간을 가지기 위함

9. 목장 조직

목자 임명이 끝난 후 성도들에게 목자 명단을 나누어 준 뒤 자신이 원하는 목장을 5순위까지 선택하도록 함. 초신자는 가능한 한 1순위에 배정하고, 믿음이 있는 분들은 교회에서 배정해 주는 대로 따르게 해서 목장을 조직하되 12월 말까지 마침

10. 목자 훈련

· 가정 교회 출범을 앞두고 12월과 1월에 매 주일 오후 2시부터 목자 헌신자들을 위한 공동체 캠프를 운영함
· 목적 : 목자 상호 간 공동체성을 확인하고 서로 격려하는 가운데

주님이 샘물교회에 맡겨 주신 사명을 잘 감당하기 위함

11. 축제 주일
· 일시 : 2007년 1월 28일(주일)
· 목적 : 가정 교회를 향한 100일 행진을 재조명 및 평가하고 2월 출범할 가정 교회를 위한 헌신을 새롭게 함

12. 목자 임직식
· 일시 : 2007년 2월 4일(주일) 오후 5시
· 내용 : 목자로 헌신하는 사역자들과 가정 교회에 참여하는 모든 성도들의 출정식이 되게 함

새 예배당에 입당한 10월 초부터 100일간을 가정 교회 준비를 위한 기간으로 정하고 이처럼 여러 가지 계획을 세웠습니다. 그러나 순조롭게 나아갈 것으로 예상했던 가정 교회 준비는 큰 난관을 만나게 되었습니다.

마지막에 만난 장벽   사역자들과 당회원들의 분위기는 좋았습니다. "지금까지 소그룹 사역을 열심히 했지만 좀 더 잘할 수 있는 길이 있다면 가 봅시다" 하는 좋은 분위기였습니다. 일부 성도들이 지금도 샘물

교회가 좋은데 무얼 또 새롭게 시작하려고 하느냐고 다소 불평을 했지만, 다들 마음을 합할 수 있었습니다.

그러나 예상치 못한 큰 문제에 부딪치게 되었습니다. 정작 목자로 헌신해야 할 샘터장들이 두려워하면서 물러선 것입니다. 지상대명령을 수행하기 위해서 목장이 더 활성화되어야 한다는 것은 알겠는데, 그렇게 하기 위해 목자로 섬기려면 너무 힘들겠다면서 뒤로 물러선 것입니다. 샘터장들이 물러서고, 분위기가 이렇게 가라앉은 데는 저의 경험 부족이 한몫했습니다.

그동안은 샘터가 여름, 겨울이면 두어 달씩 항상 방학을 했습니다. 그러나 저는 설교하면서 앞으로 목장 모임은 1년 내내 쉬지 않고 매주 해야 한다고 강조했습니다. 설, 추석 같은 명절이 끼어 있어도 주일 예배를 쉬지 않듯 목장 모임도 쉬지 않고 모여야 한다고 강조했습니다. 뿐만 아니라 반드시 식사를 같이 하는 모임이 되어야 한다고 강조했습니다. 목장 모임을 목원들 가정에서 돌아가면서 가질 형편이 안 되면 목자 집에서 몇 년이라도 모이면서 섬겨 보자고 도전했습니다. 지혜와 영력이 부족한 사람이 성도들에게 사명감을 고취하면서 섬겨 보겠다고 결단하게 해야 하는데, 오히려 부담만 잔뜩 안겨 주는 결과가 나타난 것입니다.

게다가 무슨 자신감이었는지 제가 설교하는 중에 자원하는 사람들만 목자로 임명해서 목장을 세우겠다고 선포했는데, 얼마나 후회를 했는지 모릅니다. 연말마다 목자와 비교가 되지 않는 샘터장을 세우면서도 부교역자들이 1년만 섬겨 달라고 부탁을 하고, 심지어 사정을 하는 것이 교회의 형편인 것을 알면서 저는 덜렁 자원자만 받아 200개의 목장을 세우겠다고 호언했던 것입니다. 저의 역량과 샘물교회 성도들의 영성을 너무 과신했던 것 같습니다.

부담 때문에 가라앉는 교회의 분위기를 보면서 어떻게 해야 할지 알 수가 없었습니다. 과도한 부담을 느낀 성도들 중 일부는 교회를 떠나기도 했습니다. 어떻게 하면 리더들로 하여금 목자로 헌신하게 하여 목장이 작은 교회가 되게 할 수 있을지 길이 보이지 않았습니다. 기도 외에는 다른 방법이 없었습니다. 오직 주의 도우심을 바라며 씨름했습니다.

그런데 그때 하나님이 또 한 번 놀라운 길을 열어 주셨습니다. 2006년 여름, 성남의 S교회에서 평신도를 위한 가정 교회 컨퍼런스가 열렸습니다. 그 모임에 참석하고 온 샘물교회의 J장로님이 S교회의 한 장로님과 얘기를 했다면서 그 교회에 도움을 청해 보자고 했습니다. 그 교회가 샘물교회의 리더들을 위해서 단독으로 컨퍼런스를 열어 줄 수 있으니까 저더러 그 교회의 G목사님께 부탁을 하라는 것이었습니다. 소그룹 리더들이 직접 가정 교회를 경험하고 나면 교회의 분위기가 달라질 것이라는 제안이었습니다.

우리로서는 아주 좋은 제안이었지만, 한 번도 만난 적이 없고 일면식도 없는 목사님께 어떻게 그런 어려운 부탁을 할 수 있을지, 엄두가 나지 않았습니다. 아무 연락도 못하고 있는데 J장로님이 G목사님께 부탁을 했느냐고 재차 물었습니다. 장로님의 채근에 할 수 없이 G목사님께 전화를 했더니 받지 않았습니다. 핸드폰에 문자를 남겼습니다.

"G목사님, 샘물교회가 큰 벽에 부딪쳤습니다. S교회가 저희를 위해서 1박 2일 컨퍼런스를 열어 도와줄 수 있겠습니까?"

G목사님은 제가 보낸 문자를 그대로 옮겨 써서 당회 안건으로 제시했습니다. 감사하게도 S교회의 당회에서 샘물교회의 리더들을 위해서 두 번의 컨퍼런스를 열어 주기로 결정했습니다. 그 교회는 당시 50여 개의 목장이 있었기 때문에 한 번에 100명 정도의 리더를 초청할 수 있다고 했습니다. 너무 감사해서 광고를 하고 모든 샘터장들을 보낼 준비를 했습니다.

S교회의 도움으로 2회에 걸쳐 목장 1일 탐방 기회가 주어졌습니다. 1차는 2006년 10월 21-22일까지, 2차는 12월 2-3일에 걸쳐 실시하기로 했습니다. 일정이 정해지기가 무섭게 훈련 프로그램에 참석할 교회 리더들을 모았습니다. 그러나 목장 1일 탐방에 참석하겠다는 사람이 너무 적었습니다.

우리와는 다르게 S교회에서는 목장 1일 탐방 준비로, 일찌감치 환영 현수막도 내걸고 우리 탐방자들을 위해 기도하고 있었는데 막상 우리 교회는 미온적인 모습이었습니다. S교회에서는 적어도 탐방 시작 1개월 전에 1차 80명의 명단을 넘겨줄 것을 요구했습니다. 그래야 탐방할 목장을 배치하고, 그 목장의 목자들과 연결하여 정보를 주고, 기도 준비도 할 수 있기 때문이라고 했습니다.

명단 제출 일정을 코앞에 둔 우리는 1차 인원 80명을 채우지 못해 전전긍긍하고 있었습니다. 가까스로 80여 명을 채워 명단 제출 기한을 며칠 넘기고 S교회에 보냈습니다.

그런데 이게 웬일입니까? 1차 목장 1일 탐방에 가겠다던 분들 중 여럿이 사정상 참석하지 못하게 되었습니다. 결국 70명이 채 되지 않는 인원이 참석했습니다.

이 일로 인해 S교회에도 많은 차질이 있었습니다. 1차 탐방을 끝내자 우리 교회 담당 교역자에게 S교회의 담당자가 항의 섞인 연락을 해 왔습니다. "샘물교회는 1일 탐방을 할 의지가 있습니까? 우리는 돕기 위해 이렇게 준비하고 기다리는데 차질이 너무 많이 생겼습니다" 하는 어조였습니다. 아무 대가도 없이 엄청난 수고를 하며 섬겨 준 S교회에 대해서 우리가 할 일은 인원을 채워 보내는 것뿐이었는데, 그것도 제대로 하지 못해 차질이 빚어진 것에 대하여 우리는 뭐라 할 말이 없었습니다. 그저 백배사죄를 하는 것이 전부였습니다. 지금 생각해도 S교회에 참 미안합니다. 그리고 도움을 베풀어 준 그 은혜에 다시금 감사를 드립니다.

그런데 이런 어려움 가운데 하나님의 역사가 일어났습니다. 목장 1일 탐방을 하고 돌아온 리더들이 S교회에서 큰 도전과 은혜를 받은 것입니다. S교회 목장 탐방을 하면서 어려움 속에서도 영혼 구원의 열정을 가지고 섬기는 목자들과 목원들을 보면서 깊은 감동을 받고 돌아온 것입니다. 이에 교회는 다녀온 분들이 받은 은혜를 수요 기도회 후 샘터장 모임 때 여러 성도들 앞에서 간증할 수 있도록 장을 마련했습니다. 놀라운 도전을 받았다는 보고들이 쏟아지기 시작했습니다. K자매님은 이렇게 간증했습니다.

저는 어릴 때부터 지금까지 교회에서 성실하게 신앙생활을 했습니다. 분당으로 이사를 와서 샘물교회에 등록했고, 기쁨으로 지금까지 샘터장도 하고, 성가대도 하면서 열심히 섬겼습니다. 어느 날 당회에서 샘터를 목장으로 전환하고, 가정 교회를 시작한다고 해서 '지금도 좋은데 무얼 굳이 바꾸나?' 하는 생각을 했습니다.

가정 교회 컨퍼런스에 가라는 광고를 여러 차례 들었지만 가족들을 두고 2박 3일 동안 집을 비우는 것이 쉽지 않았습니다. 마침 성남에서 1박 2일의 컨퍼런스가 있다고 해서, 여기에 참여하지 않으면 부산, 목포 등 먼 곳에서 하는 2박 3일의 컨퍼런스에 가야 한다고 박 목사님이 말씀하셔서 마지못해 등록했습니다.

토요일 오후 4시, 성남의 S교회로 갔습니다. 아주 작고 초라한 교회였습니다. S교회의 담임목사님이신 G목사님의 가정 교회에 대한 강의는 새로운 것이 별로 없었습니다. 샘물교회에서 늘 들어 온 것이었습니다. 목자들의 간증이 있었지만 역시 새롭게 느껴지지는 않았습니다. 빨리 내일까지의 모임을 마치고 집으로 가기만을 기다렸습니다.

교회에서 진행되던 프로그램이 끝나고, 저녁에 목장 탐방을 하고, 그 목장의 목자 댁에서 하룻밤을 자게 되어 있었습니다. 제가 탐방할 목자가 제 이름을 부르는데, 가까이 가서 보니까 옷이 촌스럽기 그지없었고 화장이며, 머리며 봐 주기 어려운 이상한 모습이었습니다. 그 목장에서 제일 좋은 집에서 손님을 모시기로 했다면서 한 가정으로 안내를 하는데, 너무 좁고 초라한 집이었습니다. 둘러앉은 사람들은 너무도 초라하고 행색이 남루한 사람들이었습니다. '어떻게 하루를 지내나' 생각하니 한숨이 절로 나왔습니다.

정성껏 준비한 식사를 나누고 나눔이 시작되었습니다. 30대 중반의 젊은 여성이 입을 열었습니다. 얼굴이 가무잡잡하고 야위고 초라한 행색으로 앉은 그녀의 얼굴을 보는 순간, '사는 것이 무척 힘들구나' 하고 느껴졌습니다. 아니나 다를까 남편은 지하 단칸방에 병들어 누워 있고, 아이 둘을 키우는데, 자신이 일해서 버는 한 달 60여만 원의 수입으로 산다고 했습니다.

그녀가 기도 제목을 나누는데 충격이 오기 시작했습니다. "지하에서 지상으로 이사를 하게 기도해 주세요. 남편이 빨리 나아 직장을 갖게 기도해 주세요." 이런 나눔을 예상했는데, 전혀 다른 나눔을 했습니다. "남편이 회복되는 것도 중요하지만 남편이 아직 예수님을 모르는데 그가 믿음을 갖게 기도해 주세요. 아이들이 인격적으로 예수님을 만나게 기도해 주세요. 전도하고 있는 이웃이 마음을 잘 열지 않는데 마음이 열리도록 기도해 주세요." 이런 나눔을 하는 것이었습니다.

녹자 또한 충격적인 나눔을 했습니다. 암에 걸린 그분은 죽기 전에 복음 전하는 일을 조금이라도 더 하겠다고 두 목장을 섬기고 있었습니다. 초등학교 졸업이 학력의 전부인 그분은 분당으로 파출부 일을 다녔습니다. 귀한 손님이 분당에서 온다며 1년에 한두 번 가는 미장원에 그날 다녀왔다고 했습니다. 안 하던 화장도 하고, 가진 옷 중 제일 좋은 옷을 골라 꺼내 입었다고 했습니다.

좋은 부모를 만나서 어릴 때부터 교회에 다니고, 괜찮은 대학을 나오고, 대기업 임원의 아내로 살면서 샘물교회에서 열심히 섬겨 온 저이지만 제가 믿는 하나님과 그분들이 믿는 하나님이 다른 분인 것처럼 느껴졌습니다. 제가 그들과 같은 상황에 있었다면 그분들처럼 기도하기보다는 돈, 집, 치료를 위해서 매달렸을 텐데 그분들은 영혼 구원에 대한 뜨거운 열망을 가지고 있었습니다.

간증하던 K자매님은 강단에서 펑펑 울었습니다. 그렇게 맑고 순수하게 주님을 사랑하며 섬기는 이들을 알아보지 못하고, 눈에 보이는 대로 그들을 무시했던 자신을 회개하며 눈물로 간증한 K자매님으로 인해 우리 모두는 울지 않을 수 없었습니다. 이런 간증이 줄을 이으면서 자연스럽게 우리도 주님의 지상명령을 따라 섬겨 보자는 분위기가 생겨나기 시작했습니다.

또 다른 분의 간증을 소개합니다.

성남은 제가 분당으로 이사 오기 전에 살았기 때문에 그곳 사람들의 생활과 주변 환경을 잘 압니다. 그래서 조금은 불편했지만 친근감이 있었습니다.

이 권사님과 제가 간 목자와 목원의 집은 경제적으로 형편이 좀 나은 집이었습니다. 저희가 방문한 목원 가정은 자매가 직장을 다니는데, 그날은 시장 보고 음식 준비를 하느라 출근을 하지 않았고, 저희는 정성과 사랑이 담긴 대접을 잘 받았습니다. 평소 모임 때보다 훨씬 신경을 썼다며 다른 목원들이 반찬을 보고 감격을 하더군요. 그 남편은 관광버스 기사였는데, 오랜만에 그날 참석해서 일상의 진솔한 삶을 나누었습니다. 함께 웃고 서로 격려하는 모습이 정말 따뜻함이 있는 가족 같은 분위기였습니다.

목장 모임의 찬양을 맡은 목원이 우리 목자, 목녀님이 가장 좋아하는 찬양이라며 〈해같이 빛나리〉를 불렀습니다.

"당신의 그 섬김이 천국에서 해같이 빛나리
당신의 그 겸손이 천국에서 해같이 빛나리
주님이 기억하시면 족하리
예수님 사랑으로 가득한 모습
천사도 흠모하는 아름다운 그 모습
천국에서 해같이 빛나리."

그 찬양을 부르는데 지난날 제 기도 속에 있었던 (하나님 앞에 설 때 "착하고 충성된 종이라 칭찬받는 자가 되게 해 주세요"라고 했던) 천국에 대한 소망이 언제부턴가 사라졌음을 깨닫게 되었습니다.

그리고 목자의 집으로 가서 목녀와 이야기를 나눈 것 중 교회에 처음 출석한 VIP를 만나기 위해 1부 7시 예배를 1년 동안 참석했다는 목원에 대한 배려와 섬김의 이야기며, 안방을 기꺼이 내놓고 가정 교회 체험을 하러 오는 분들을 위해 특별히 마련했다는 침구며, 헌신의 모습에 감탄이 나왔습니다. 사실 저는 주일 아침 9시 30분까지 교회에 도착하는 것도 쉽지 않거든요(하나님의 마음을 알고 돌아올 수 있기를 기도했는데 이것이 그런 마음은 아닐지……).

가정 교회! 식사 준비 등등 목자가 할 일들을 생각하면 부담도 있지만, 하나님이 한 영혼을 사랑하는 마음과 사랑에 대한 저의 작은 실천으로 그 영혼을 위해 기도하는 일, 그 일부터 한다는 마음으로 목자 헌신에 기꺼이 동참하려고 합니다. 그리고 언젠가 주님 앞에 설 때 주님이 기억해 주실 것을 기대하며 기쁨으로, 열정을 가지고 이 일을 감당할 수 있도록 기도합니다. 가다가 혹 힘겹고 피곤할 때도 있겠지요. 그러나 곁에서 손잡아 일으켜 세워 주시는 하나님의 은혜의 손길이 있기에, 또한 그 주님을 신뢰하기에 결단하며 순종합니다.

또 다른 분의 간증입니다.

거두절미하고, 제가 묵었던 목자님 댁 소개를 하겠습니다. 교회 옆 빌라에 살고 계셨고, 방 세 개 딸린 비교적 넓고 깨끗한 집이었습니다.

44세 된 목녀님은 초등학교 졸업이 학력의 전부였는데, 근래 들어 다시 학업을 시작하여 현재 중학교 2학년에 재학 중이라고 했습니다. 목녀님은 가정을 돌보지 않은 아버지를 둔 탓에 열여섯 어린 나이에 시골에서 성남으로 올라와 양말 공장에 다니며 아버지 노름빚을 갚고, 동생들을 건사하며 청춘을 다 보냈다고 했습니다. 목자님도 형편이 어렵기는 마찬가지여서, 두 분의 신혼살림 이야기는 〈인간극장〉에서나 볼 수 있는 한 편의 눈물겨운 드라마였습니다. 그러나 가난하고 힘겨운 삶 속에서 하나님이 더욱 큰 은혜와 은사들로 채워 주심을 느꼈습니다.

그분들이 기도원에서 기적적으로 치유 받고 하나님을 만난 사건이나, 신유의 은사를 행한 이야기 등 너무나 생생한 간증들을 많이 들었는데, 주위 분들께 그 이야기를 잠깐 해 드렸더니 "그거 짜고 하는 거 아니냐?", "그 말이 믿어지냐?"는 반응도 있었습니다. 우리 샘물교회 같은 고품격(?) 교회에서는 먼 나라 이야기처럼 들릴 수도 있었겠지요. 하지만 하나님은 그보다 더 심한 일도 하실 수 있는 분이시며, 우리의 예측과 어림을 뛰어넘는 분이심을 알기에, 그분들의 간증이 귀중한 격려와 도전이 되었습니다.

무엇보다도 기도로 철저히 무장된 그분들의 모습에 저 자신을 되돌아보게 되었습니다. 연말에 6일간 작정 금식 기도를 하겠다고 달력에 표시해 두었는데, 목녀님이 그 가녀린 체구에 6일씩이나 금식을 한다니 그야말로 '음매 기죽어'였습니다.

목장 모임이 끝난 후에도 새벽 3시까지 목녀님과 이런저런 대화를 나누느라 시간 가는 줄 몰랐습니다. 목자님 댁의 산전수전, 공중전까지 다 겪은 신앙생활은 저같이 평범하게 신앙생활을 해 온 사람에겐 큰 도전이었고, 더욱 기도에 힘쓰라는 하나님의 초청이요, 권면의 음성이었습니다.

주일 오전 예배 이야기를 빠뜨릴 수 없습니다. 세상에나, '분가식'이란 걸 하더군요. 목장 인원이 늘어나서 분가를 할 때 목자, 목원들을 다 단상에 올라오게 해서 세례식만큼이나 거창하게(?) 분가식이란 걸 했습니다. 그걸 보면서 '설마 우리 교회에선 저렇게 안 하겠지? 가뜩이나 예배 시간 프로그램도 많은데' 하다가도, '아니야. 설마가 사람 잡는다고 진짜 하면 어쩌나?' 하는 생각도 들다가, 나중엔 될 대로 되라는 심정이 들더군요.

분가하면서 새롭게 세워진 목자님을 위해 기도하는 시간을 가졌는데, 저도 모르게 눈물이 쏟아졌습니다. 동병상련이라고나 할까요? 그분을 위해 기도하는 제 마음은 뜨거울 수밖에 없었습니다. 많이 아플 텐데, 힘들 텐데, 기도의 짐은 또 얼마나 무거울지. 그래도 굳센 사랑, 흔들리지 않는 사랑, 하나님 아버지와 같은 마음을 품고 그 길을 가게 해 달라고 기도하고, 또 기도했습니다.

"주여, 가정 교회로 가려는 샘물교회를 축복하시고 함께하소서. 아멘."

간증의 여파는 컸습니다. 가정 교회로의 전환에 대해서 냉랭하던 리더들의 마음이 바뀌기 시작했습니다. "우리가 헌신해야 한다. 주님의 지상명령에 순종해야 한다"는 쪽으로 기울기 시작했습니다. 그것을 증명이라도 하듯, 2차 탐방을 위해 인원 모집을 했을 때는 너무 많은 사람들이 신청해 문제였습니다. 결국 S교회와 연락해 80명이 아닌 100여 명의 인원을 보내기로 했습니다. 그럼에도 탐방 지원자들 중 많은 수가 목장 1일 탐방에 탈락하는 고배를 마셔야 했습니다.

2차 탐방을 마치고 '목자 헌신 동의서'를 받았습니다. 2006년 12월 18일 당시 장년 목자 316명, 청년 목자 47명, 합 363명이 목자 헌신 동의서를 제출했습니다.

'연말에 샘터장을 세울 때 강권을 해도 200명을 세우기가 어려웠는데, 자원자만 363명이라니!'

참 놀라운 은혜가 아닐 수 없었습니다. S교회는 샘물교회를 가정 교회로 세우기를 기뻐하시는 하나님이 보내 주신 천사였습니다.

샘터 조직을 가정 교회로 바꾸라

샘터를 목장으로, 작은 교회로 바꾸었으면 하는 열망이 교회 내에서 가정 교회 강의를 할 때 사용했던 저의 강의안에 담겨 있습니다. 그 내용은 다음과 같습니다.

1. 조직
   - 샘터를 '목장'으로 개명하고, 목장의 리더는 '목자'가 되고, 목장 식구들은 '목원'이 된다. '목녀', '목동'이라는 호칭은 쓰지 않고, 목자 부부가 함께 목자로 임명받는다. 준비가 부족한 배우자

가 있을 경우에는 '부목자'로 임명한다.
- 목자 후보자가 자원하면 훈련한 후 목자로 임명한다. 그 후 목자들을 소개하는 인쇄물을 만들어 성도들에게 배부하고, 성도들로 하여금 자기가 원하는 목장을 선택하게 한다. 목장을 선택할 때 5지망까지 쓰게 하고, 초신자의 경우는 1지망 목장으로 배치하고, 나머지 성도들은 믿음의 정도에 따라서 적절히 배치한다.

2. 역할

- 목장이 작은 교회가 되도록 한다. 목장은 매주 1회 이상 모이되 어떤 경우에도 쉬지 않는다. 명절이 있을 때라도 날짜를 바꾸어서 잠깐이라도 반드시 모여야 한다.
- 목자는 부모의 심정으로 목원들을 섬기고, 반드시 모든 목원들이 VIP를 품도록 도전한다. VIP가 목장에서 변화되는 기쁨과 흥분을 누리지 못하면 그 목장은 제대로 서기 어렵다.
- 모든 사람들이 상처를 가지고 있다. 그들의 내적 치유가 특히 중요하다. 목자가 치유할 수 없다. 오직 하나님만이 사람을 치유하신다. 목자와 목원들은 서로를 위해서 기도하면서 마음을 열고 삶을 나누고 격려하고 사랑할 때 성령님이 치유하시는 것을 경험하게 될 것이다.

3. 모임

· 편한 날, 편한 시간에 모인다.

· 각 가정이 돌아가면서 목장 모임을 자신의 집에서 가지도록 하라. 교회에서 모여야 하는 경우는 반드시 평원지기와 상의해서 양해를 얻으라.

· 음식은 손님 대접하듯 하지 말고 가족을 위해 준비하듯 하라. 목장 모임 때마다 각 가정에서 한 접시씩 준비해 오게 하는 것도 좋다.

· 도착하는 대로 식사를 하고, 차를 한 잔 마시며 교제한 후 찬송가를 10분쯤 함께 부르고, 말씀 나눔을 20분 정도 한다. 말씀 나눔은 목자가 선택해서 하면 된다. 목자 자신이 큐티 나눔을 하든지, 각자가 돌아가면서 말씀을 준비하게 하든지, 교회에서 실시하는 성경공부 모임에 한 사람을 보내서 공부한 내용을 요약해 전하게 해도 좋다.

· 지난 주일 예배 때의 설교를 돌아가면서 요약하게 해서 5분 정도 발표하게 하라. 적용을 함께 나누어도 좋다.

· 그 후 모든 목원들이 돌아가면서 지난 한 주간 있었던 일 중 감사한 일, 책망받은 일 등 하나님과의 관계에서 특기할 만한 일들을 얘기한다. VIP의 경우는 한 주간 동안 기뻤던 일, 힘들었던 일을 얘기하게 한다.

· 나눔을 하면서 각자가 기도 제목을 내게 하고, 그 기도 제목을 가지고 합심해서 기도하는 시간을 갖는다.

- 이어서 목장이 후원하고 있는 선교사와 선교지를 위해서, 그리고 전도 대상자들을 위해서 기도하고 모임을 마친다.
- VIP가 처음 참석하는 경우는 평소의 모임대로 하지 말고 VIP가 편안하게 참여하는 모임이 되게 하라. 찬송도 하지 말고(한다면 아주 일반적인 좋은 곡을 골라 짧게 하라), 감사기도도 하지 말고 식사를 하라. 평소의 모임과 달리 식사가 끝난 후 VIP가 얘기하게 하라. 좋은 질문 사용법을 터득하라. VIP가 즐겁게 자기를 오픈해서 얘기하도록 분위기를 조성하라. 두 번째까지 VIP 중심의 모임을 하고, 세 번째 모임부터는 평소대로 돌아가라.
- 전체 시간은 두 시간 반 안에 마치도록 해야 한다. 모임을 더 갖고 싶으면 일단 공식적인 모임을 마치고, 갈 사람은 부담 없이 가게 하고 원하는 사람들만 남아서 좀 더 얘기를 나누어도 좋다.
- 월 1회 정도는 특별 목장 모임을 가지도록 계획을 세우라.
- 가끔씩은 남자들끼리, 여자들끼리 모이는 것을 시도하라. 친밀함을 더할 것이다.

4. 주의 사항
- 목장 모임은 지적 토론보다 실제적인 섬김과 나눔의 장이 되도록 하라.
- 마음이 열리고, 마음과 마음이 만나는 곳이 되게 하라.
- 치유가 실제적으로 일어나게 하라. 실제적인 도움을 나눔으로 치

유도 실제적이 되게 하라.
- 피상적인 답을 하지 말라. 누가 기분이 우울하다고 말할 때 기도하면 된다는 식의 답을 하지 말라. 같이 아파하는 마음을 가지고 자기 경험을 얘기하라. 우월한 위치에서 답을 주거나 가르치려고 하는 것이 아니라 함께 아파하며, 함께 나눔으로 돕는 길을 찾는다면 목장이 치유의 장이 될 수 있을 것이다.
- 목장에서 나온 얘기는 절대 비밀에 부쳐야 한다. 그렇지 않으면 자기를 공개할 수 없게 된다. 마음을 열고 얘기하지 않으면 치유가 일어나지 않는다. 참된 사귐이 일어나지 않는다.
- 모든 목원들이 목장을 위해서 한 가지씩 직분을 맡게 하라. 작은 교회인 목장에서 서로 섬기게 되면 우리 모두가 사역자가 될 수 있다. 큰 교회에서는 30% 이상의 헌신자가 나오기 어렵다. 그러나 가정 교회를 하면 70-80%의 헌신자를 얻을 수 있다.
- 큰 예배보다 작은 목장 자리에 사람을 인도해 오는 것이 쉽다. 매주 모임에 VIP를 품도록 도전하고, 진행 상황을 묻고, 기도하라.

5. 중국의 처소 교회와 가정 교회

1949년 모택동은 중국을 공산화한 후 선교사들을 다 쫓아냈다. 이어 일어난 문화혁명을 통해 종교 말살 정책이 이루어지면서 중국 땅에서 그리스도인의 씨를 말렸다고 다들 생각했다. 1980년대에 와서 핑퐁 외교를 통해 다시 중국이 문을 열었을 때 그리스도인의 수는 이전보다 적어도 10배 이상 증가해 있었다.

그 비밀은 지하 교회였던 처소 교회에 있었다. 목사도 없고, 성경도 없고, 아무것도 없었던 중국의 성도들은 자신의 집에서 작은 가정 교회로 모이기 시작했다. 그 작은 교회를 통해서 하나님이 초대 교회처럼 30년 동안 중국 땅에 엄청난 역사를 일으키신 것이다.

6. 평신도 사역의 장점

- 성경에는 교역자와 평신도 사역자에 대한 구별이 없다. 사도들도 스스로 장막을 짜며 일을 하면서 사역을 했는가 하면, 집사로 임명받은 분들이 곧 전임 사역자로 일하는 것을 볼 수 있다. 최초의 순교자도 집사 스데반이었다.
- 전도는 평신도 사역자가 하는 것이 더 효과적이다. 목사가 하는 말은 공감대가 약하다. 그러나 자신과 마찬가지로 직장에 다니며, 같은 환경에 사는 평신도 사역자가 진리를 제시하면 더 큰 충격을 받는 것을 자주 볼 수 있다.
- 양육도 평신도 사역자가 교역자보다 더 잘할 수 있다. 유치원 다니는 꼬마에게 노래를 가르치는 것을 초등학생 언니가 잘할까, 고등학생 큰언니가 잘할까?
- 만인제사장론을 기억하자. 목회자가 아니면 살 수 없는 삶을 제시하면서 그것만이 헌신인 것처럼 말하는 것은 잘못이다. 우리 모두는 제사장으로 부름 받았다. 각자가 자신이 선 자리에서 지

상대명령을 수행하는 제사장이 되어야 한다.
- 목사나 전도사가 되어 헌신하도록 부름을 받은 사람은 당연히 신학교로 가야 한다. 그러나 신학교를 가야만 온전한 헌신을 하는 것은 아니다. 평신도 목회자로서 온전한 헌신을 할 수 있다. 목사가 되지 말아야 할 사람이 목사가 되어 자기도 고생하고, 교회도 고생시키는 일을 하지 말아야 한다. 평신도로 섬기면서 열매가 있는 사람이 교역자가 되어야 한다.

7. 회의

회의가 긴 교회는 기도와 예배가 짧고 은혜가 없다. 회의는 가능한 한 자주 하지 말고, 다음 몇 가지 주의 사항을 참고하라.
- 빈속으로 회의하지 말라. 배가 고프면 사람은 신경질이 나고 공격적이 된다.
- 가능한 한 가정에서 의논하라.
- 예배의 연장으로서 회의를 하라.
- 의견을 낸 사람이 집행자가 되게 하라.

8. 평신도 훈련 요령
- 담임목사의 동역자를 양육한다.
- 훈련 기간이 너무 길면 참여자가 힘들다. 12-13주 정도가 적당하다. 그리고 조금 쉬었다가 다시 또 새로운 훈련에 도전하게 하는

방식이 좋다. 성숙한 사람들은 1년, 혹은 2년의 훈련도 거뜬히 해내지만 훈련이 필요한 사람들은 그런 사람들이 아니라 끈기가 부족하고 쉽게 주저앉는 사람들이다.

- 책임감을 강조해야 한다. 훈련이 시작될 때 진도표와 휴강 날짜를 미리 알려 주고, 등록금도 받고, 숙제도 내 주는 것이 좋다. 기말고사도 치르고, 결석이 3회 이상이면 다음 기의 훈련에 참여하도록 권유하여 탈락시키는 것이 좋다.
- 강의보다 토의식 공부를 하라.
- 홍보를 잘하라. 가장 좋은 홍보는 수료자들의 간증이다. 예배 시간에 우등상, 개근상을 주고, 한 사람을 선정해서 간증을 하게 하여 많은 사람들로 하여금 '나도 참여해야겠다' 는 생각을 갖도록 한다.
- 훈련을 할 때는 탁아 시설을 마련해서 젊은 부부들이 참여할 수 있게 하라.

고(故) 배형규 목사가 담당했던 첫 목자 수련회

"그런데 목사님! 목장은 어떻게 섬겨야 하는 겁니까?"

목자 헌신 동의서를 낸 분들을 중심으로 2006년 12월 중순부터 매주일 목자 모임을 진행했습니다. 그런데 헌신 동의서를 내긴 했지만 심적으로 부담을 가지는 분들이 적지 않았습니다. 나름대로 기도하면서 열심히 하려고 노력하지만, 어떻게 섬기는 것이 잘하는 것인지 의문을 가진 분들이 생긴 것입니다. 그러던 중 2007년 2월 4일(주일)을 목자 임직식으로 정하고, 목장을 공식 출범하기로 했습니다.

이 일을 두고 기도하는 가운데 마음속에 목장을 시작하기 전에 목자 헌신자들에게 다시 한 번 헌신을 결단하게 하고, 섬김의 본을 보여 주어야겠다는 생각이 떠올랐습니다. 이렇게 해서 시작하게 된 것이 2007년 1월 26-28일 오전까지 실시한 제1회 목자 수련회(은혜의 샘)입니다. 제1회 목자 수련회의 콘셉트는 '목자들이 먼저 은혜를 누리고 그 누린 은혜로 목원들을 섬기게 하자' 였습니다. 다음 글은 당시 수련회에 참석할 목자 헌신자들에게 제가 쓴 편지입니다.

목자 헌신자 여러분께

목자 헌신자 수련회에 참석하실 여러분을 환영합니다. 샘물교회가 가정교회를 통해서 보다 더 건강한 교회로 세워져 가기를 기대하며, 이 비전에 함께 동역하기로 결단하여 주신 여러분께 진심으로 감사를 드립니다.

건강한 교회의 표지는 여러 가지입니다. 그중 가장 중요한 한 가지는 '초대 교회와 같은 본질을 회복하는 것' 이라고 생각합니다. 가정 교회는 작은 공동체에 소속된 성도들이 '서로 섬기며', '함께 그리스도의 성품을 닮아 가며', '세상을 섬김으로', '하나님의 나라를 세워 가는 것' 입니다. 여러분은 바로 이런 귀중한 사역에 저와 동역자로 선 것입니다.

모쪼록 이번에 목자 헌신자 수련회가 교회의 본질을 회복하기 위해 헌신한 여러분의 영적 재충전의 시간이 되길 기대합니다. 여러분을 위해 섬김이들과 함께 기도하며 준비하고 있습니다.

　목자 헌신자 수련회에 오실 여러분을 진심으로 환영하며.

2007년 1월 20일
여러분의 목사임을 최대의 영광으로 여기는 박은조 올림

　이렇게 시작한 목자 헌신자 수련회는 참여한 모든 이들에게 큰 위로와 감동을 주었고 확신을 심어 주었습니다. 누구랄 것도 없이 당시 수련회에 참여하여 은혜를 누린 많은 사람들이 참여 소감을 홈페이지에 밝혔는데, 그것을 보면 그들이 얼마나 감동을 받았는지 확인할 수 있습니다. 등재된 순서대로 몇 개만 실으면 다음과 같습니다.

　청년 목자로 헌신한 한 형제의 글입니다.

　지난주 금요일 저녁부터 주일 아침까지 우리 교회에서는 처음으로 열리는 목자 수련회에 다녀왔습니다. 정말 많은 은혜와 감동을 받았는데, 그 감동이 사라지기 전에 나누고자 합니다.

1. 천국 잔치에 참여하다

사실 이번 목자 수련회는 모든 것이 철저하게 비밀로 부쳐졌습니다. 장소도, 프로그램도……. 목사님이 많이 기대해도 좋다고 말씀하시긴 했지만, 제 마음속에는 '달라도 얼마나 다를까?' 라는 의심이 마음 한편에 자리 잡고 있었습니다. 더군다나 나이 많으신 장로, 권사, 집사님들과 함께 생활한다는 것이 약간의 부담으로 다가오기도 했습니다. 하지만 저의 생각은 정말 어리석었다는 것을 단번에 알 수 있었습니다. 한마디로 이것을 표현한다면 천국 잔치였습니다. 더 이상의 어떤 말로써 표현할 수 있을까요? 저의 머릿속에는 떠오르지 않습니다.

2. 천사들 강림하다

천국 잔치에 또 하나 빠져서는 안 되는 존재가 있습니다. 그것은 '천사' 입니다. 이번 천국 잔치에 실제로 천사들이 내려와 우리를 수종 드는 것을 볼 수 있었습니다. 바로 너무나 헌신되고 아름다운 '섬김이' 들입니다. 저는 그저 편안히 먹고, 마시고, 자고, 즐겼지만 그건 수많은 섬김이들의 섬김이 없었다면 있을 수 없는 일이었습니다.

"천사님들! 너무 힘드셨죠? 제대로 잠도 못 자고, 쉬지도 못하고, 맛있는 것도 제대로 먹지도 못하고, 그 추운 밤에, 새벽에 우리를 환영하랴, 환송하랴, 우리는 찬양하면서 피곤하면 그냥 앉아 쉴 수도 있지만, 당신들은 목이 터져라 찬양 인도하고, 지쳐 쓰러질 때까지 움직이고……. 혹 섬김을 받고 있는 우리들이 부럽지 않으셨나요? 근데 그거 아세요? 여러분의 모습이 너무 아름다웠다는 것을. 마치 진짜 천사와 같이……. 저는 오히려 여러분이 너무 부러웠다는 것을……."

이번 수련회 기간에 저의 마음을 울리는 하나의 찬양이 있었습니다. "쓰러진 나를 세우고, 나의 빈 잔을 채우네. 주 나의 모든 것." 하나님이 저의 쓰러진 잔을 다시 세우시는 것을 느낄 수 있었습니다. 저의 잔은 넘어져 있었기에 아무리 은혜의 말씀을 들어도 채워지지 않았던 것입니다. 하나님이 저의 잔을 다시 세우시고, 당신으로 저의 빈 잔을 채우심을 느낍니다.

목자로 헌신한 한 장로님의 글입니다.

간증거리가 너무 넘쳐서 모두들 망설이고 있다는 소문이 사실이었군요! 그래서 전 간증거리라기보다는 잠시 흉(?)을 보겠습니다.
'울보 집사.' 이 말을 딱 들어도 싸다고 할 정도로 수련회 기간 내내 정말 많이 우신 집사님이 있습니다. 저도 울음에 관한 한 한몫한다고 자부했던 사람인데 이분을 만나고 나서는 머쓱해지더군요. 저와 같은 조에 배치된 분으로, 사실 수련회 전에는 서로의 봉사 부서가 달라서 깊은 교제가 없었던 분인데, 그래선지 이분이 울보일 줄은 정말 몰랐던 거지요. 버스를 타고 수련회 장소에 들어설 때부터 장소를 옮길 때마다, 프로그램이 진행되면서 순서가 바뀔 때마다, 찬양을 할 때도, 간증을 나눌 때도, 밥 먹고 나서 뒤풀이할 때까지 누가 옆에서 건드린 듯이 마구, 줄줄 울음보가 터지는 겁니다. 나중엔 아예 두루마리 화장지를 미리 말아 쥐고선 연신 눈물을 훔쳐 댑디다.

그렇습니다. 말하지 않아도 순간순간 느끼는 벅찬 감동을 표현하는 눈물 때문에⋯⋯. 바로 이것이 감사며 은혜 아니겠습니까? 정말 감사했습니다. 실컷 울게 해 주신 모든 분들의 수고와 섬김에 감격했습니다.

목자로 헌신한 한 여목자님의 글입니다.

저는 몸살이 났습니다. 마지막 날 밤, 너무 과하게 외쳐서리⋯⋯. 주일날은 물론이요, 월요일까진 완전 목소리도 안 나오고(팍 쉬었습니다), 계속 누워 있다가 이제야 좀 정신이 듭니다. 너무 심하게 누리고 오다 보니(전제가 아직도 20대인 줄 착각했습니다) 몸살이 났지 뭐예요.

집에서 쉬면서도 수련회 때 감동의 여운이 쉽게 사라지지 않았습니다. 자꾸만 떠오르는 감동의 순간들, 배꼽 빠지게 웃던 시간들, 눈이 퉁퉁 부어 부기가 가라앉지 않아 며칠을 고생하게 했던 은혜의 순간들⋯⋯.

목사님들, 전도사님들, 사모님들, 장로님들, 집사님들, 청년들, 모든 섬김이로 수고하신 분들께 너무나 감사드립니다. 얼마나 정성을 쏟으시고 힘을 다하여 준비하고 기도하셨는지, 그리고 어떤 마음으로 섬기고 계신지 그 마음을 느끼며 생각하니 앞으로 목장 식구들을 어떻게 섬겨야 하는지 또한 생각하게 되었습니다.

목장의 시작점에서 넘치는 사랑과 힘을 얻게 해 주셔서 감사합니다. 앞으로 목장을 섬기며 힘들 때마다 지난 목자 수련회를 떠올리며, 한 분 한 분의 얼굴을 떠올리며, 나누었던 말씀들을 떠올리며, 섬기셨던 분들의 섬김의 마음들을 다시금 생각하며 섬겨 나가려 합니다.

이런 감동은 참여한 목자 헌신자, 곧 '누림이' 만 누린 것은 아니었습니다. 그들을 섬기기 위해 참여했던 '섬김이' 도 섬기는 가운데 충만한 은혜를 누렸습니다. 섬김이로 수고한 한 형제의 글입니다.

"사랑을 받아 본 사람이 사랑할 줄 안다"는 말이 있습니다. 그러나 저는 누군가를 사랑하고 섬기는 것에 익숙하지 못한 사람입니다. 저의 자라온 환경이 사랑을 받으며 살아온 삶이 아니었기에 사랑하는 방법을 알지 못했습니다. 그러한 저에게 작년 한 해는 그 사랑으로 인해 가장 슬프고 힘들고 고통스러운 시간이었습니다. 한 사람을 사랑했고, 그렇게 사랑했기에 서로 결혼까지 약속했지만 결국 헤어질 수밖에 없는 시간을 통해 왜 나에게 이런 일이 있어야만 하는지 도무지 알 수 없었습니다. 하지만 그렇게 무너지고 좌절할 수 없기에 끝없이 묻고, 묻고, 또 물었습니다. 그러자 하나님은 하나씩 하나씩 저에게 왜 이런 시간이 필요했는지 설명하고 계셨습니다.
가장 먼저, 하나님은 제 인생을 가장 힘들게 만들었던, 지금은 이미 고인이 되신 아버지를 용서할 수 있는 시간을 만들어 주셨습니다. 제 마음속에서 어두운 그림자로 남아 있던 그 아버지를 용서하고 이해할 수 있는 시간을 주셨습니다. 하지만 그것만으로는 저의 질문에 대답이 될 수 없었기에 또 물었습니다. 그리고 마침내 목자 헌신자 수련회의 섬김이로 섬김을 통해 저의 끝없는 질문에 마침표를 찍어 주셨습니다.

사실 처음 섬김이 제안을 받았을 때는 그동안 수없이 해 봤던 수련회 스태프 정도로 적당히 생각하고 아무 생각 없이 하겠다고 말씀을 드렸습니다. 하지만 막상 도착한 이후 섬김이의 활동은 말이 좋아 섬김이지, 이건 완전히 종이었습니다. '아마 예전에 종들이 이런 생활을 했겠다' 라는 생각이 들 정도로……. 하루 종일 서서 여기저기 돌아다니다 보니 허리는 끊어질 듯 아팠고, 발바닥은 퉁퉁 부어서 서 있는 것이 너무 힘들었습니다. 하루 일과를 마치고 새벽이 되어 잠시 눈을 붙이려고 막 눈을 감았다고 생각했는데 일어날 시간이라고 알람이 울려 댑니다.

그리고 마지막 날, 많은 목자 헌신자들이 섬김이들의 고마움에 축복의 찬양을 하던 그 순간, 저의 눈에는 눈물이 고였습니다. 섬김의 시간이 힘들고 고통스러웠던 만큼 이 순간의 기쁨과 행복은 너무나 컸습니다. 섬기는 사람만이 누릴 수 있는 참된 기쁨을 누린 시간이었습니다.

섬김에는 분명 자기 희생이 뒤따릅니다. 나의 시간, 노력, 물질 등등. 하지만 희생이 큰 만큼 돌아오는 기쁨 역시 크다는 것을 깨닫는 시간이었습니다.

그렇게 하나님은 사랑하고 섬기는 것에 익숙하지 못한 저에게 사랑하는 법과 섬기는 법, 그리고 섬기는 삶의 기쁨을 깨닫게 하셨습니다. 이 시간, 저의 끝없는 질문에 답을 주신 주님을 찬양하며 이제는 그 답을 행동으로 옮길 수 있게 해 달라고 기도합니다. 그렇게 저를 만들고 다듬어 가시는 주님을 찬양합니다.

섬김이 리더들은 다른 교회의 영성 수련회 프로그램에 미리 참석해 보고 준비하는 등 여러 가지로 최선을 다했습니다. 심장이 좀 안 좋은 한 권사님은 1월 말의 혹한에도 불구하고 목자 헌신자들을 섬겨야 한다는 일념으로 세족식을 섬기러 왔다가, 젊은 섬김이도 힘들어하던 세족식을 여러 차례 수종 든 후 졸도까지 했습니다.

간증들에서 볼 수 있는 것처럼 섬김이들은 마치 종처럼 누림이인 목자 헌신자들을 섬겼습니다. 그 섬김을 통해 느꼈던 목자들의 감동은 고스란히 목원들을 섬기면서 나타날 것입니다.

이 첫 번째 목자 수련회는 목장 출발을 앞두고 위축되어 있음직한 목자 헌신자들에게 새 힘과 용기를 주는 기회였습니다. 전적인 하나님의 축복이었습니다.

이 목자 수련회는 저에게 또 다른 이유로 잊지 못할 추억으로 남아 있습니다. 왜냐하면 수련회의 총괄 담당 사역자가 바로 지난 2007년 7월 25일 아프간에서 순교한 배형규 목사님이었기 때문입니다. 배 목사님은 자신에게 맡겨진 청년들을 하나님의 귀한 일꾼으로 세웠을 뿐 아니라 샘물교회의 가정 교회를 세우는 일을 위해서 이 수련회를 성공적으로 마무리 짓고 하나님의 부르심을 받은 잊지 못할 동역자입니다.

기독교 학교 운동의

출발점   서울영동교회를 섬기면서 교회가 양적으로 자라기 시작했습니다. 예배당과 교육관이 좁아지면서 비싼 땅을 사서

증축하는 것이 쉽지 않았습니다. 학교를 인수해서 주중에는 학교가 쓰고, 주말에 교회가 쓰면 효과적이겠다고 생각했습니다. 그리고 많은 학생들을 키우고 전도하기 위해, 또한 지역의 복음화를 위해 학교를 잘 운영한다면 큰 도움이 될 것이라고 생각했습니다.

서울영동교회에서 새 예배당을 짓자는 제안이 나오면서 건축 대신 학교 인수를 해 보자는 안을 구체적으로 검토하기 시작했습니다. 당시 330평 정도의 땅에 70-80억 원의 돈을 들여서 건물을 짓는다 하더라도 주차 공간이 60-70대 정도 가능하다고 했습니다. 그럴 바에는 차라리 학교를 인수하자고 방향을 정했습니다.

여러 학교들을 살폈습니다. L형제의 도움으로 강남에 있는 Y여자중고등학교의 경영권을 인수할 수 있는 길이 열렸습니다. 설립자 가족들에게 상당한 돈을 주기로 했고, 그들은 학교에 대한 포기 각서를 쓰기로 했습니다. 서울시교육위원회에 설립자 포기 각서가 들어가지 않으면 이사장 변경 신청을 받아 주지 않았기 때문에 이런 논의가 이루어진 것이었습니다. 설립자 가족들과 얘기가 잘 진행되어 하나님이 허락하시는 일이라고 생각하며 모두 기뻐했습니다.

그러나 문제가 생겼습니다. 서울시교육위원회가 학교의 빚 수십억 원을 이사장 교체 전에 해결해야 이사장 교체 승인을 해 줄 수 있다고 한 것입니다.

처음 설립자 가족들에게 주기로 한 돈은 감당할 만한 액수라고 생각했기 때문에 당회가 일치해서 준비를 시작했습니다. 그러나 학교의 빚까지 감당하기에는 너무 큰 액수였습니다. 후일 깨달은 것이지만, 돈 준비는 둘째 치고 저나 교회가 학교를 할 수 있는 역량이 준비되지 못한 것이 더 큰 문제였습니다. 당시의 저나 교회는 의욕은 있었지만 학교를 할 수 있는 준비가 되어 있지 않았습니다.

미션 스쿨이 아닌 기독교 학교 운동

결국 아쉽게도 학교 인수는 못하게 되었고, 저는 1998년 10월에 200여 명의 성도들과 함께 분당으로 파송을 받아 샘물교회를 설립하게 되었습니다.

샘물교회를 시작하면서 우리는 예배당 건물을 갖지 않고 학교를 설립해서 강당을 예배당으로 쓰기로 작정했습니다. 처음에는 기존의 미션 스쿨을 인수하는 방안을 생각했습니다. 분당 시내에 있는 S고등학교의 경영권을 인수하는 방안이 구체적으로 논의되었습니다. 모든 논의가 잘 진행되었는데, 계약서를 쓰기 며칠 전 학교 이사장의 변심으로 무효가 되고 말았습니다.

기존 학교의 인수가 무산되게 하신 것이 하나님의 뜻이라고 느껴졌습니다. 왜냐하면 기존 학교가 가진 문제들을 들여다볼 수 있는 기회였기 때문입니다. 새롭게 학교를 설립하면 돈은 더 많이 들겠지만 기존 학교가 가지고 있는 문제들을 많이 극복할 수 있겠다고 판단했습니다. 믿음이 좋은 교사들을 처음부터 모집할 수 있고, 교과과정이나 학교 경영 원칙 등을 성경적인 원리를 가지고 우리가 만들 수 있을 것이라고 기대했습니다.

새 학교 설립을 위해서 분당 외곽 동원동의 땅 1만 평을 25억 원에 매입했습니다. 5,000평은 학교 용지로, 5,000평은 복지 용지로 쓸 계획이었습니다.

정부에 사립학교 신설 허가를 요청했지만 여러 가지 이유로 허락해 주지 않았습니다. 샘물교회의 P장로님이 이사장으로 있는 여주의 D중고등학교의 이름으로 초등학교를 분당에 설립하는 계획을 세웠지만 허락받지 못했습니다. 수원에서 기독교 학교를 잘하고 있는 K목사님의 도움을 받아 그 학교의 분당 초등학교 설립도 계획했지만 역시 실현되지 않았습니다.

그 무렵, 학교 관련 세미나를 계속하고 있던 샘물교회에 한 강사가 찾아와서는 저를 꼭 만나고 가야겠다고 했습니다. 제 사무실에서 차를 같이 마시면서 그분은 제게 "오늘날 한국에 필요한 것은 미션 스쿨(Mission School)이 아니라 기독교 학교(Christian School)입니다"라고 말해 주었습니다. 저는 그분께 기독교 학교가 뭐냐고 물었습니다. 부끄럽지만 그때까지만 해도 저는 미션 스쿨과 기독교 학교의 차이를 모르고 있었습니다. 막연하게 성도들의 자녀들을 그리스도의 제자로 삼기 위해서 학교를 세워야 한다고만 생각하고 있었습니다.

그분을 만나 대화를 나눈 후 저는 제가 학교 운동을 하기에는 너무 준비가 부족한 사람이라는 것을 깨달았습니다. 그리고 지금까지 생각해 왔던 학교가 미션 스쿨이 아니라 기독교 학교가 되어야겠다는 것을 깨달았습니다.

기독교 학교와 교회 학교   목회자로서 학교 설립의 뜻을 품은 이유는 성도들의 자녀들을 그리스도의 제자로 삼기 위해서였습니다. 가정과 교회의 힘만으로는 감당하기 어려운 과제였습니다. 하루 종일 학교에 가 있는 아이들에게는 학교와 교사, 그리고 학교 문화의 영향력이 너무 크기 때문입니다. 그런 자녀들을 돕는 학교를 세운다면 미션 스쿨이 아니라 기독교 학교라야 한다는 것을 비로소 깨달았습니다.

학교 설립이 갑자기 쉬워졌습니다. 땅을 사 놓고는 정부의 인가를 기다리며 하염없이 시간을 보내고 있었는데, 더 이상 그럴 필요가 없어졌습니다. 인가 없는 학교를 하는 데는 어려움이 많았지만, 현행 교육 제도하에서 기독교 학교를 하기란 불가능했습니다. 미션 스쿨들이 채플조차 마음대로 드릴 수 없고, 성경을 가르치는 것도 교과 과목 시간 내에는 불가능한 상황이었습니다.

당시 샘물교회에는 2000년 3월에 시작한 공동 육아방 형태의 '아이샘'이라는 유치원 과정이 학부모들의 주도하에 이미 운영되고 있었습니다. 학부모들이 교회 공간을 빌려서 교사를 직접 뽑고, 교과과정을 결정하는 등 모든 일을 주도했습니다. 교회에서는 담당 교역자를 세워서 돕고, 약간의 예산 지원도 하고 있었습니다. 비록 학부모들이 주도하긴 했지만 기독교 학교를 시작하는 데 좋은 경험이 되었습니다.

마침내 2006년 3월, 유치원생 30명과 초등학생 1-4학년 65명을 모집하여 샘물초등학교가 문을 열었습니다. 샘물초등학교가 첫 졸업생을 배출한 2009년 3월에 샘물중학교가 개교했습니다. 그리고 샘물중학교가 첫 졸업생을 배출한 2012년 3월, 샘물고등학교가 개교했습니다. 이 학교는 교회 학교로서는 유치원부터 고등학교까지 설립된 한국 최초의 학교입니다.

현재 샘물초등학교는 샘물교회 건물 안에 있습니다. 그러나 샘물교회 건물 안에서 시작된 샘물중학교는 2010년 9월, 샘물교회의 두 번째 분립 교회로 시작된 판교샘물교회와 함께 분당구 운중동으로 옮겨 세워졌습니다. 샘물고등학교는 샘물중학교 바로 옆 건물에서 2012년 3월 개교했습니다. 모든 것이 하나님의 은혜임을 고백합니다.

샘물학교의 특징은 두 가지가 있는데, 즉 기독교 학교와 교회 학교(Church School)입니다.

먼저, 기독교 학교라는 정체성은 우리의 자녀들을 그리스도의 제자로 키우는 것을 첫째 목표로 삼는다는 뜻입니다. 우리 학생들이 좋은 대학에 가는 것이 첫째 목표가 아닙니다. 돈을 잘 버는 직업을 갖도록 하는 것이 첫째 목표가 아닙니다. 어떤 직업을 가지고 살든지 간에 하나님이 정해 주신 자기 자리에서, 하나님이 주신 은사를 가지고, 그리스도의 사람으로서 섬기며 사는 제자가 되어, 세상에 하나님의 평화가 임하게 하는 사람이 되도록 돕는 것입니다.

다음으로, 교회 학교란 교회가 학교를 섬긴다는 것입니다. 교회와 학교와 가정이 삼위일체가 되어 우리의 자녀들을 하나님의 사람으로 양육해서 다음 세대를 준비하는 것입니다. 교회 혼자 힘으로도 어렵고, 부모 혼자 힘으로도 어려운 일을 학교가 함께 섬기도록 교회가 건물을 쓰게 해 주고 동역하는 것입니다.

교회가 교육관에서 기독교 학교를 하도록 허락한다면 웬만한 교회면 작은 규모의 기독교 학교를 충분히 할 수 있습니다. 판교샘물교회가 출석 성도 500여 명(어른 350여 명, 아이 150여 명) 규모이지만 학생 200명의 샘물중학교를 섬기며 동역하고 있는 것을 보면 알 수 있습니다. 은혜샘물교회 또한 비슷한 규모이지만 샘물고등학교를 섬기며 동역하고 있습니다.

기독교 학교를 하면서 목회자로서 누리는 예상치 않았던 기쁨이 하나 더 있습니다. 많은 학부모들이 학부모 교육을 통해서 믿음이 새로워지고 교회의 리더가 되는 것입니다. 그리고 그들의 가정이 새롭게 세워지는 것입니다. 자신의 생명보다 중요한 자녀를 기독교적인 관점에서 교육하기로 결단하면서 부모 자신들의 삶 자체가 기독교적으로 성숙해져 가는 모습을 보는 것은 큰 기쁨이 아닐 수 없습니다.

다시 하나님의 도장을 받다

샘물중학교를 시작할 때 이런 일이 있었습니다. 초등학교 4학년으로 샘물초등학교에 입학한 학생들이 중학교에 입학할 때가 되었습니다. 그러나 샘물교회가 유치원과 초등학교를 하고 있는데 중고등학교까지 감당하기에는 역부족이라는 의견이 대두되었습니다. 저는 13년의 임기를 마치고 교회를 떠나야 했고, 건축 빚을 많이 지고 있는 교회가 새로운 학교를 열기에는 버거운 짐이 될 것이 틀림없었습니다. 그렇다고 하나님과 성도들 앞에서 약속한 제 임기를 변경해, 제가 계속해서 샘물교회에 머물면서 중고등학교 설립을 진행하는 것도 옳은 일이 아니라고 여겨졌습니다.

기도하는 중에 하나님이 주신 마음을 가지고 제가 당회에 제안했습니다.

"어차피 분립 교회를 세우기로 계획하고 있었는데, 이번에 세우는 두 번째 분립 교회가 샘물중학교를 함께 하도록 합시다. 대신에 샘물교회는 재정 지원을 하지 않고, 사람만 200명 파송합시다. 200명 파송이 가능하기 위해서는 당분간 제가 설교를 맡아 섬겨야 합니다. 일체의 재정 지원 없이 분립 교회와 중학교 설립을 한다면 샘물교회도 사명을 다하면서 큰 수고를 덜 수 있지 않겠습니까!"

적어도 10억 원 이상의 돈이 있어야 할 텐데 어떻게 샘물교회의 지원 없이 교회와 학교를 세운단 말입니까? 그러나 저는 기독교 학교 운동이 하나님이 기뻐하시는 운동이라면, 샘물교회가 건축 때문에 빚을 많이 지고 있는 상황에서 하나님이 다른 방법으로 재정을 주시는 것을 보고 싶다는 생각을 했습니다. 만약 돈을 주시지 않는다면, 그건 하나님이 원하지 않으시는 운동이니까 접을 수밖에 없다고 생각했습니다.

'초등학교를 시작할 때 이미 하나님이 기뻐하시는 학교 운동임을 확신했는데, 또다시 하나님을 시험하는 것 같은 이런 기도를 해도 괜찮은가?' 하는 생각이 들었습니다. 그러나 다른 길이 보이지 않았습니다. 하나님이 부족한 우리의 기도를 들으시고 필요한 재정을 채워 주신다면 다시 한 번 확신을 가지고 이 길을 갈 수 있을 것이라고 여겨졌습니다.

항상 그렇듯이 하나님은 우리의 기대 이상으로 일하셨습니다. 샘물중고등학교의 사역자 K형제가 전화를 해서 이렇게 말했습니다.

"한 형제가 익명으로 학교와 분립 교회를 위해서 ○○억을 헌금하겠다고 합니다."

그 후에 또 다른 형제가 집을 한 채 헌납하면서 그중 ○억을 샘물중학교를 위해서 드리게 하셨습니다. 이로써 샘물중고등학교의 출발을 위한 재정 준비가 완료되었습니다. 인간의 기대와 예상을 넘어 일하시는 하나님을 찬양합니다!

사람을 세우시는 하나님

샘물중고등학교를 준비하는 첫 단계에서 샘물교회에 한 가지 요청을 했습니다. 당시는 부목사 한 분이 담임목회자로 부임해 새로운 부목사를 초빙해야 하는 상황이었습니다.

"새로운 부목사님을 청빙하지 않고 사역자들이 나누어서 일을 맡아 차질 없이 할 테니까, 부목사 한 분의 예산을 1년 동안만 학교 준비 예산으로 지원해 주십시오. 그러면 한 사람을 세워서 학교를 위한 구체적인 준비를 하겠습니다. 그리고 일단 중학교를 샘물교회 건물 내에서 열게 해 주십시오."

이런 요청이었습니다. 앞으로의 재정을 주께서 공급하실 것을 믿고, 일단 중학교를 시작하겠다는 것이었습니다.

샘물교회 당회는 이 요청을 허락해 주었습니다. 그동안 기도하고 있던 한 형제 부부를 만나 아무것도 없는 상황이지만 기독교 학교 운동에 함께하자고 도전했습니다. 감사하게도 K형제 부부가 수락했습니다. 그들이 이 사역에 동참하기로 한 것이 샘물중고등학교 사역의 시작점이 되었습니다. 지금까지 K형제는 학교의 중요한 책임을 맡아서 섬기고 있습니다.

○○억 원을 기부하기로 한 형제는 시골에 살 때 제가 TV에서 설교하는 것을 듣고, '서울 쪽으로 이사를 가면 저 목사님 교회에서 신앙생활을 하고 싶다'고 생각했다고 합니다. 그리고 뜻하지 않게 서울로 이사를 오게 되어 샘물교회를 찾아와서 등록을 했습니다. 새가족부에서 K형제가 신앙의 멘토 역할을 했고, 이후에 둘 사이에 교제가 있었습니다. 그런데 이 형제가 분립 교회와 중학교 설립에 관한 기도 제목을 주보에서 볼 때마다 부담이 되도록 주께서 역사하신 것이었습니다.

우리는 이사회를 구성했습니다. 입학하는 학생이 다니는 교회의 목회자들이 주로 이사로 들어왔습니다. 그 외에도 관심을 가지고 있는 평신도 지도자들이 함께 이사로 참여했습니다. 현재 이 지역의 40여 개 교회의 목회자들이 이사가 되어 함께 섬기고 있습니다.

어떻게 헤어지는 것이
아름다운가   경영을 맡을 K형제와 함께 한 사람이 더 필요했습니다. 교장을 맡을 분이었습니다. 주변의 믿을 만한 전문가들에게 추천을 부탁해서 세 명을 두고 기도를 시작했습니다. 처음 초빙한 분은 거절했습니다. 두 번째 분도 거절했습니다. 아무것도 없는 학교의 교장으로 오라는 것은 무모한 일이었고, 그런 학교에 오지 못하겠다고 거절하는 것은 당연한 일이었습니다. 두 번의 거절 끝에 분당의 다른 기독교 학교와 합하는 것도 진행해 보았지만 그 학교의 이사회가 동의하지 않아 무산되었습니다.

그 시점에서 교장 초빙을 위한 세 번째 접촉을 시도했습니다. 지방의 한 도시에서 20년 넘게 중학교 교사로 섬기고 있던 S형제를 만나러 갔습니다. 그를 처음 만난 자리에서, 한 시간쯤 얘기를 나눈 후에 아무것도 준비되지 않은 학교지만 하나님이 원하시는 기독교 학교를 세우고자 하는 것이니까 와 달라고 정중하게 부탁했습니다. 감사하게도 일주일 후 S형제는 수락했습니다.

그리고 K형제와 S형제 두 분이 학교 설립을 위한 실제적인 일들을 맡아 마침내 2009년 3월에 중학교 1학년 3학급으로 샘물중학교가 시작되었습니다.

새로운 장소를 찾는 것도 쉬운 일은 아니었습니다. 대부분의 학생들이 분당, 수지 지역에 살고 있으므로 그곳에서 20분 이내의 장소를 두고 기도를 시작했습니다. 판교에 처음 와 보고는 임대 비용이 너무 비싸서 이 지역으로 오는 것은 아예 포기했습니다. 안양, 동백, 수원, 구성남 등 인근 지역을 다니면서 장소를 찾았습니다. 우여곡절 끝에 수원 흥덕 지역의 한 장소를 임대하기로 했는데, 계약 직전 판교에서 연락이 왔습니다. 새 건물을 짓고 임대가 제대로 안 되니까 아주 싼값으로 주겠다는 것이었습니다. 결국 판교에서 건물을 빌려 2010년 9월에는 판교샘물교회가 분립 개척되었고, 성남시 분당구 운중동에서 샘물중학교와 판교샘물교회가 함께 새 출발을 하게 되었습니다.

이 일을 하면서 가장 큰 어려움은 학교 리더들 사이의 비전이 다른 점이었습니다. 아무것도 없는 학교에 교장으로 와서 많은 수고를 한 S형제는 학부형 중심 학교를 하고 싶어 했습니다. 그 외에도 이런 저런 어려움이 리더들 사이에 생기기 시작했습니다. 함께 동역하기 위해서 노력했지만 도저히 함께 할 수 없는 상황에 이르렀습니다.

'기독교 학교를 같이 했던 리더들 사이에 생각이 달라 문제가 생겼을 때 어떻게 헤어지는가?' 하는 것이 큰 과제였습니다. 감정에 빠지거나 상대의 약점을 공격하면서 부끄러운 모습으로 헤어지는 것은 학생들 앞에서 가장 삼가야 할 모습이라고 생각했습니다. 비록 생각이 다르고, 심지어 서로 상처를 주고받는 일도 있었지만 서로 축복하며 헤어지는 것은 교육 운동의 리더들이 마땅히 감당해야 할 과제였습니다. 그러나 쉬운 일은 아니었습니다.

그런 상황에서 이사회가 학교를 분립하기로 결정했습니다. S형제가 자신의 비전을 따라 세우려고 하는 학교에, 참여하기를 원하는 교사들과 학생들을 파송하기로 했습니다. 이듬해 3월, 학교가 세워져 출발할 때까지 교장의 생활비를 약 7개월간 지원하기로 했습니다. 새 학교로 가는 학생들의 부모들이 샘물학교에 낸 학교 발전 기금을 새 학교에 지원하기로 했습니다. 아름다운 파송을 하기로 한 것이었습니다.

적지 않은 숫자의 교사들과 학생들이 S형제가 설립한 학교로 가게 되었습니다. 교장의 생활비 지원은 받았지만, "샘물학교도 어려운데, 학교 발전 기금은 지원받지 않고 스스로의 힘으로 학교를 세우겠습니다"라는 S형제의 뜻에 따라, S중고등학교는 스스로의 힘으로 세워졌습니다. 열악한 상황이지만 새로운 학교가 또 하나 시작된 것은 인간의 연약함 가운데 일하시는 하나님의 은혜라고 믿습니다. 하나님을 찬양합니다!

새로운 둥지로

인도하시다   정자동 샘물교회 건물에서 시작된 샘물중학교가 판교로 이사 올 때 좋은 건물에 온다고 다들 기뻐했습니다. 그러나 새 건물로 온다는 것 외에 달라진 것은 없었습니다. 운동장이 없어 청소년들이 뛰어놀 공간이 없는 것이 가장 큰 문제였습니다.

그동안 적당한 가격의 땅을 구해 운동장이 있는 학교를 제대로 짓기 위해서 기도하며 백방으로 노력했습니다. 수십 군데의 땅을 보았지만 땅값이 너무 비싸 엄두를 내지 못했습니다. 분당이나 판교 지역은 아예 땅 찾기를 포기했습니다. 인근 20분 이내의 여러 곳을 뒤졌지만 평당 250만 원 이하의 땅은 찾아볼 수가 없었습니다. 구성역 근처에 있는 땅을 한 곳 본 후 중개사에게 2,000평 정도의 땅을 60억 이내로 살 수 있도록 교섭해 달라고 부탁을 했습니다. 2,000평이면 좁지만 작은 운동장 하나를 만들 수 있다고 판단했기 때문입니다.

최근 하나님의 놀라운 은혜로 동백 상하동의 땅 8,000여 평을 평당 100만 원 정도의 가격에 매입하게 되었습니다. 있을 수 없는 일이 벌어진 것입니다. 이는 주께서 기독교 학교 운동에 있어서 실험 학교와도 같은 샘물중고등학교에 은혜를 베푸신 것이라 믿습니다. 운동장도 없는 학교에 자녀를 보내 놓고 믿음으로 살고자 결단한 학부모님들을 주께서 긍휼히 여기신 결과라고 생각합니다. 운동장에서 제대로 한번 뛰어 보지도 못하는 학교를 다니면서 하나님의 은혜를 구해 온 우리 샘물중고등학교 학생들을 주께서 사랑하셔서 주신 선물이라고 생각합니다.

10여 년 전에 분당구 동원동에 땅 1만 평을 사 놓고도 학교를 짓지 못했던 경험이 있어 조심조심 진행을 하면서 땅 구입까지 왔습니다. 하나님의 은혜를 찬양하며, 나머지 일도 주님 손에 의탁합니다.

3장

아프간 피랍 사건,
그 진실과 오해

2007년 7월 19일, 전 세계를 충격의 도가니로 몰아넣은 사건이 발생했다. 논란의 중심에는 아프간으로 봉사 활동을 떠난 샘물교회 소속 20명의 성도들과 3명의 현장 선교사들이 있었다. 그들이 탈레반에 의해 납치를 당한 것이다. 당시 이 아프간 피랍 사건으로 배형규 목사와 심성민 형제가 탈레반에게 끝내 희생당했고, 나머지는 만 42일 만에 극적으로 한국으로 돌아왔다.

이 일로 샘물교회는 고난의 십자가를 져야 했다. 42일간의 피 말리는 전쟁. 피랍 사건이 터지고 언론의 수많은 오해와 오보의 공격이 샘물교회를 향해 포문을 열었다. 한국 교회에 대한 공격이 아프간 피랍 사건과 맞물려 쏟아져 나온 것이다. 이에 샘물교회는 하루 네 번의 기도회를 열었고, 마지막 한 사람이 안전지대로 들어올 때까지 기도를 계속했다. 온 성도가 기도로 한마음 한뜻이 된 것이다. 기가 막힌 기도 훈련의 자리에서!

현재 샘물교회는 아프간 피랍 순교자 기념관을 개관하여 이 시대에 피 흘린 순교의 영성을 이어 가고 있다.

> 온전한 헌신은
> 자신의 가장 귀한 것을 드리는 것이다.
> – 순교자 고(故) 배형규

아프간 단기 봉사 팀이
피랍되다 "박 목사님, 한국에서 온 급한 전갈입니다."

2007년 7월 20일, 저는 미국 덴버에서 목회자를 위한 영성 수련회에 참석하고 있었습니다. 목요일 저녁 집회가 끝나고 기도회가 막 시작되었는데 다급하게 메모 한 장이 제게 도착했습니다. 샘물교회의 아프간 단기 봉사 팀이 카불에서 남쪽 칸다하르로 가는 도중 피랍되었다는 것이었습니다.

기도회를 인도하고 있는 L목사님께 무사 귀환을 위한 기도를 부탁하고 밖으로 나왔습니다. 제발 잘못 전달된 메모이기를 바라면서 한국으로 확인 전화를 했습니다. 그러나 제 바람과는 달리 그 메모는 사실이었습니다. 얼핏 '복음을 위해 섬기다가 당한 일이니 감사해야 한다'는 생각이 뇌리를 스치고 지나갔습니다. 그러나 그 생각은 잠깐이었고, 다음 순간 두려움과 함께 눈앞이 캄캄해지며 온몸이 짙은 어둠 속에 빠지는 것 같았습니다.

한국행 비행기 표를 구해 놓고 그날 밤을 꼬박 새우며 기도했습니다. 정확하게 표현하면, 기도인지 원망인지 모를 하소연을 토해 놓으며 밤을 지새웠습니다. 나의 길이 아닌 하나님의 길을 걷게 하시는 그분의 놀라운 손길이 다시 한 번 제 삶과 사역을 뒤흔드는 순간이었습니다.

아프간 피랍 사건

Q & A   지난 2007년 7월 19일, 아프간에 봉사 활동을 간 샘물교회 소속 20명의 성도들과 3명의 현장 선교사들이 탈레반에 의해 납치되었습니다.

납치 소식이 알려지면서 사상 초유의 국제적 인질 사태를 맞아 정부는 물론이고 가족과 교회는 당황하지 않을 수 없었습니다. 언론은 일제히 이 사건에 대해 방송하기 시작했고, 전 세계의 관심이 집중되었습니다. 이 일로 인해 많은 분들을 염려케 한 것에 대해서 지면으로 다시 한 번 사과를 드립니다. 그리고 이 일을 잘 해결하기 위해서 애써 주신 모든 분들께 감사를 드립니다.

샘물교회 아프간 활동 관련 행적

1. 3월 분당샘물교회 총 3회 이상의 봉사 활동 & 선교 활동 명목으

로 아프간행 계획 세움

2. 외교부에서 아프간행에 대한 샘물교회에 우려와 경고(준전쟁 지역 위험도 세 번째 해당으로 경고)

3. 하지만 무시하고 계획대로 이행할 예정이라 밝힘

4. 첫 번째 비행 티켓을 강제 취소

5. 샘물교회에서는 비행 티켓 강제 취소에 대한 분노로 나라를 상대로 소송까지 걸겠다고 나섰음

6. 결국 두 번째 티켓은 취소 못하고 경고만 발행

7. 출국. 서남아시아 다른 나라 3개국을 돌아서 아프간 입성

8. 출국 사실을 안 외교부는 전용 비행기를 보내 돌아오길 간곡히 부탁함

9. 그러나 거부

10. 외교부 또다시 경고

11. 샘물교회 측 유서까지 미리 남길 테니 걱정 말라고 외교부 간섭에 대한 불쾌감 표시

12. 결국 아프간 저항 세력 탈레반에 포획됨

13. 탈레반의 아마디 "독일 및 한국인 20여 명 포획 중 AP통신에 알림"

14. 독일 사실 여부 알 수 없다. 결정 보류

15. 독일 한 명 사살, 나머지 위협 중 독일인 두 명 사살

16. 샘물교회 측 정식 성명을 통해 이 같은 상황은 정부의 안일한

대응 때문이라며 무능한 정부 비판

　이와 같은 글이나, 혹은 비슷한 유의 기사를 본 분들이 많을 것입니다. 인터넷 사이트에서 가장 많은 퍼 나르기가 이루어진 피랍 관련 기사 중 하나입니다. 이 글은 반기련(반기독교시민운동연합) 홈페이지에 떠 있던 글이라고 하는데, 샘물교회를 향한 비난을 만들어 내는 데 일등 공신 역할을 했습니다.

　왜 반기련 사이트에 들어갔냐고요? 들어갈 필요가 없었습니다. 이 무지막지한 거짓 정보가 이미 온 인터넷을 돌아다니고 있었기 때문입니다. 언론 보도를 통해 이런 종류의 악성 루머를 듣게 되자, 나중에는 교회들마저 샘물교회를 향해 비난을 쏟아 내기 시작했습니다. 악성 루머의 진위를 알아보는 것은 고사하고, 글의 출처만 확인했더라도 상당한 왜곡이 있다는 사실을 금방 알아차렸을 텐데 수많은 사람들이 사실이 무엇인지 확인도 하지 않고 일방적으로 샘물교회를 향해 비난을 퍼부은 것은 참으로 안타까운 일이었습니다.

　이 샘물교회 피랍 사건 관련 기사는, 짐작했겠지만 전부 거짓입니다. 정부에서 그런 경고를 한 적도 없었을 뿐 아니라 그 외의 모든 내용도 다 거짓으로 날조한 것입니다. 이런 거짓 기사들 때문에 탈레반에 대한 비판의 목소리는 없어지고, 샘물교회가 무분별하게 공격적 선교를 해서 그런 문제를 야기했으니 샘물교회가 알아서 하라는 식의 분위기가 고조되었습니다.

지나간 일이기는 하지만 당시의 오해와 질문에 대해서 간략하게나마 설명할 필요가 있다고 생각해서 Q & A 형식으로 몇 가지를 써 봅니다.

Q : 왜 아프간에 갔는가?

A : 샘물교회는 매년 여름 방학을 기점으로 10여 개 나라에 여름 단기 봉사를 실시해 왔는데, 이 봉사는 소위 말하는 개종, 혹은 포교를 위한 선교가 아닙니다. 언어가 되지 않는 단기 봉사자들이 가서 무슨 전도를 할 수 있겠습니까? 그들의 방문은 주로 현지에서 사역하는 장기 사역자들을 위로하고 격려하기 위한 것이었습니다. 그리고 단기 봉사자들에게 장기 사역에 대한 비전을 가질 수 있도록 돕는 프로그램이었습니다. 특별히 사역이 힘들고 어려운 지역의 장기 사역자들은 매년 교회가 이런 방문을 해 줄 것을 요청합니다.

당시 아프간은 샘물교회에서 파송한 7명의 장기 사역자가 난민촌 사역과 학교와 병원 사역을 하고 있는 지역이었습니다. 이 중 5명은 배형규 목사가 지도하던 청년회에서 성장하여 해외 단기 봉사를 통해 비전을 품고, 때가 되어 아프간에 파송된 사람들이었습니다. 이들을 격려하고 위로하기 위하여, 또 아프간이라는 열악한 현장을 보고 그들을 섬기는 비전을 주기 위하여 단기 봉사 팀이 자주 방문하는 지역이었습니다.

Q : 왜 정부가 만류했음에도 불구하고 그곳에 갔는가?

A : 많은 네티즌들은 샘물교회 단기 봉사자들이 정부가 가지 말라고 경고했음에도 불구하고 정부의 만류를 뿌리치고 아프간으로 들어갔다고 믿고 있습니다. 그러나 그것은 사실이 아닙니다. 샘물교회는 정부로부터 어떤 경고도 받은 적이 없으며, 어떤 공문도 받은 적이 없습니다. 만약 정부가 위험하니까 가지 말라고 했다면, 당연히 가지 않았을 것입니다. 정부의 위험 경고를 뿌리치고 봉사 활동을 가는 것은 우리의 상식에 맞지 않는 일입니다.

샘물교회 단기 봉사 팀은 아프간 방문 시 예상되는 위험을 아프간 장기 사역자들을 통하여 이미 알고 있었으므로 세심하게 준비한 후 아프간으로 입국했습니다. 인터넷 신문 〈프리존 뉴스〉의 전 모 기자는 피랍과 관련해 일반에 떠도는 루머 중 공문을 통한 정부의 권고에도 이를 무시하고 교회가 활동을 강행했다는 기사에 관해 다음과 같이 썼습니다.

〈프리존 뉴스〉는 우선 외교통상부 공보 팀에 이 루머의 내용을 알려 주며 그 진위를 물었다. 이에 공보 팀 윤승서 서기관은 "그런 내용은 금시초문"이라고 대답했다. 윤 서기관은 "지금까지 해외여행과 관련해 출국을 금지하는 어떤 법적 장치도 없었다"고 밝혔다. 범죄자가 아닌 이상 여행의 자유를 침해할 소지가 많기 때문이라는 설명이었다.

보다 자세한 사항을 묻기 위해 외교통상부 재외 국민 보호과로 다시 연락했다. 재외 국민 보호과 또한 "그런 사실이 없다"고 답했다. 오는 8월 발효되는 새 여권법에서는 위험 국가에 입국을 시도할 경우 다양한 제한과 처벌이 가능하지만 지금까지는 그런 경우가 없었다는 설명이었다. 루머의 내용처럼

20여 차례가 넘는 경고와 만류 또한 없었다고 밝혔다.

Q : 왜 눈에 띄는 관광버스를 탔고, 경찰의 보호를 요청하지 않았는가?

A : 국내 언론이 우리 아프간 봉사 팀이 벤츠 버스를 타고 남쪽으로 가다가 탈레반에게 붙잡혔다고 보도했을 때 샘물교회의 목사였던 저도 그들이 고급 버스를 탄 것으로 오해했습니다. 언론의 공격 논조가 그랬기 때문입니다. 그러나 나중에 알고 보니까 카불에서 대여하는 모든 버스는 벤츠 버스 한 종류밖에 없었습니다. 그리고 이 벤츠 버스는 일부 한국 언론에 보도된 것처럼 호화 버스가 아니었습니다. 에어컨도 되지 않는 낡은 버스였습니다. 봉사 팀은 카불에서 아침 식사를 하고, 남쪽으로 내려가면서, 얼음을 준비해서 열을 식히면서, 에어컨이 되지 않는 차를 타고 가다가 피랍되었습니다.

경찰에 보호를 요청하는 것은 아프간에서는 소용없는 일이었고, 오히려 경찰로 인해 위험하고 번거로운 일이 자주 생기기 때문에 단기 봉사 팀이 경찰의 보호를 요청하는 경우는 거의 없다고 했습니다. 아프간 피랍 사건은 준비가 부족했다거나, 경찰에 보호를 요청하지 않는 등 좀 더 세밀하지 못했기 때문에 생긴 사건이 아니었습니다. 탈레반이 자신들의 인질 교환을 위해서 외국인 관광객을 무조건 붙잡으면서 생긴 사고였습니다.

Q : 유서는 왜 썼는가?

A : 유서는 봉사 팀원 20명 중 9명이 썼습니다. 그러나 이 유서는 눈앞에 있는 위험한 상황을 염두에 두고 미리 써 두고 간 것이 아니라, 훈련을 위한 단순한 목적에서 시도된 것이었습니다. 교회에서 실시하는 여러 훈련 프로그램의 경우 유서를 쓰는 경우가 많습니다. 제가 인도하는 '부부의 샘'이라는 영성 훈련에서도 유서를 쓰면서 자신의 남은 생을 어떻게 의미 있게 살 것인지 도전합니다. 심지어 관 속에 들어가는 프로그램도 있습니다. 아프간 봉사 팀이 쓴 유서는 훈련을 위해서, 그것도 원하는 사람만 쓰게 한 유서였습니다. 그러므로 이들이 쓴 유서를 죽기로 작정한 사람들이 자신의 죽음을 앞두고 쓴 것처럼 공격하는 것은 잘못입니다.

Q : 어떤 준비를 하고 아프간에 갔는가?

A : 샘물교회 단기 봉사 팀이 아프간 현지 문화에 대한 아무런 이해나 준비 없이 들어갔다고 비판하는 목소리들이 있었습니다. 그러나 샘물교회 단기 봉사 팀 구성은 2007년 4월 배형규 목사가 후보자 한 사람 한 사람을 면담하는 것으로 시작되었습니다. 그리고 그들은 매 주말이면 함께 모여 2-3시간 이상씩 준비했습니다. 준비 내용으로는 마자리샤리프에서 어린이, 청소년들을 섬기기 위한 교육이 있었으며, 아프간 문화 이해를 위한 선교사들의 강의가 있었고, 그리고 간단한 인사말 정도의 현지어를 배웠습니다.

아프간 현지 문화에 관해서는 귀국해 있는 아프간 선교사로부터 자세한 교육을 받았습니다. 그중 몇 가지 예를 들면, 남자 단원들은 현지 문화의 존중과 친밀감을 공유하기 위해 수염을 길렀고, 여성 단원들은 히잡을 착용하고 노출을 삼가야 한다는 교육을 받았습니다. 앉을 때는 발이 보여서는 안 되므로 양반 다리로 앉아야 한다는 등 아프간 문화에 대하여 비교적 자세한 교육을 받았습니다. 뿐만 아니라 형제, 자매들은 공통으로 잠옷과 출입국 시 입을 옷만 준비했고, 최대한 현지 복장을 착용하도록 했습니다. 봉사단은 최대한 현지 문화에 대한 이해를 가지고, 아프간 사람들을 존중하는 마음의 자세를 가지고 그 땅에 입국했습니다. 당시 인터넷에 나돌았던 샘물교회 봉사단이 '민소매 옷을 입고 시장을 활보했다'는 루머는 상식적으로도 있을 수 없는 거짓 기사임을 알 수 있습니다.

2007년 8월 1일자 국민일보 〈쿠키 뉴스〉는 이렇게 전하고 있습니다.

안녕하십니까? 8월 1일 〈쿠키뉴스〉입니다.
아프가니스탄에서 납치된 한국인 봉사 팀을 두고, 인터넷에서는 위험한 곳에서 무리한 선교 활동을 했다며 비난하고 있습니다. 하지만 대부분이 왜곡되고 잘못된 정보에 근거한 것이라고 합니다. 피랍자들의 진실은 과연 무엇인지 김태일 기자가 정리했습니다.

"생명을 걸고 갔습니다. 그런데 누가 돌팔매질을 하고 세금이 아깝다고 말하겠습니까? 그건 아닙니다. 우리는 양심을 가진 인간이잖아요. 그걸 전하고 싶습니다"(심성민 씨 이모).

납치된 이들 때문에 매일매일 피가 마르는 심정으로 보내고 있는 한국의 가족들. 이들은 일부 누리꾼들의 악의적인 댓글과 왜곡된 정보 때문에 두 번 울고 있습니다.

정부가 30번이나 막았다?

정부가 봉사 단원을 30번이나 막았고 비행기 티켓도 취소했다는 얘기가 떠돕니다. 하지만 이 소식을 보도한 인터넷 사이트 〈부채질닷컴〉은 자신들이 잘못 보도했다고 정식으로 사과했습니다. 또 교회가 정부에게 유서 쓰고 갈 테니 걱정 말라고 했다는 것도 오보였습니다.

아프간 입국은 불법?

외교 통상부에서 아프간을 여행 제한 지역으로 정했지만 이것은 경고일 뿐 법적으로 금지한 적은 없습니다. 실제 올해 들어서도 국내의 수십 개 봉사 팀이 현지를 방문했고, 사고 당시에도 아프간에는 한국 팀은 물론 다른 나라의 단기 봉사 팀도 와 있었습니다.

선교를 봉사라고 속였다?

인터넷에 떠도는 동영상과 사진은 이번 봉사 팀과는 무관한 예전 자료입니다. 일본 NHK에서 보도한 화면에 대해서도 샘물교회는 이번 봉사 팀이 아니라고 확인했습니다.

이슬람 사원에서 선교?

피랍자 가족들은 봉사 팀이 선교를 내세우지 않고 봉사에 주력했다고 강조하고 있습니다. 정부도 선교가 아니라 봉사가 주목적이라고 밝혀 줄 것을 언론에 당부했습니다.

"아내가 거기 돈 벌러 간 것도 아니구요, 단순히 그 아이들을 도와주고 싶어서, 정말 그 나라를 도와주고 싶어서 순수한 마음으로 갔습니다. 다르게 생각하지 말아 주시구요"(피랍자 김○○ 씨 남편 류○○ 씨).

공격적 선교가 납치 원인?

납치 배경이 종교와는 상관없다는 점은 탈레반이 한국인 봉사 팀뿐만이 아니라 종교와 무관한 독일 기자를 납치했다는 데서 알 수 있습니다. 탈레반 무장 세력은 이미 감옥에 갇힌 동료를 구출하기 위해 외국인들을 무차별 납치하겠다고 선언한 바 있습니다.

전쟁으로 고통받는 이들을 위해 발 벗고 나선 피랍자들. 이들의 무사 귀환을 염원하며 가슴 졸이고 있는 가족들이 악성 댓글과 거짓 정보 때문에 이중으로 고통받는 일이 더 이상 반복되어서는 안 될 것입니다.

악성 루머와 긍정적 글들이 뒤엉켜 나가고 있는 와중에 '누가 어떤 정보를 접하느냐, 그리고 그가 사전에 기독교에 대해서 어떤 인상을 가지고 있었느냐?'가 관건이 되는 것 같아 보였습니다.

무엇보다 샘물교회가 비록 봉사를 위해서였다고는 하지만 이런 일을 만들어 국민들에게 심려를 끼치게 되어 죄송하기 그지없었습니다. 그리고 한국 교회가 그동안 좋은 인상을 주지 못해 어려운 일이 생겼을 때 많은 분들의 지지를 받지 못하고 비난을 받은 것 또한 샘물교회를 포함한 한국 교회의 책임이라고 하지 않을 수 없었습니다. 거듭 사과의 말씀을 드립니다.

성도들의 성숙한 대응

피랍 사건이 터진 첫 주일에 성도들에게 금식과 하루 네 번의 기도회를 선포했습니다.

첫 주일 저녁 8시에 나가 보니까 본당 1,300석이 꽉 차 있었습니다. 매일 오후 8시에 모인 기도회에는 피랍 사건이 끝날 때까지 거의 1,000여 명 이상의 성도들이 참석했습니다. 저녁 기도회가 10시쯤 끝나면 매일 대책회의가 열렸습니다. 대책회의가 끝난 후면 50여 명의 성도들은 다시 철야 기도회로 모였습니다. 새벽 5시에는 매일 새벽 기도회가 열렸고, 아침 10시에는 다른 기도 시간에 나오지 못하는 주부들을 중심으로 또 기도회가 열렸습니다.

하루 네 번의 기도회는 마지막 한 사람이 안전지대로 들어올 때까지 계속되었습니다. 하나님이 샘물의 가족들을 기가 막힌 기도 훈련의 자리로 몰아넣으신 것이었습니다.

"샘물교회 성도들이 교회를 떠나고 있다는데 그게 사실입니까?" 하고 어떤 분들이 물어 왔습니다. 어떤 매체에서 그렇게 썼더라는 것이었습니다. 그러나 이런 예상과는 달리 오히려 샘물교회 주일 예배에는 사람들이 늘기 시작했습니다.

샘물교회의 성도들 중 몇 분은 교회가 알려 주는 소식보다 언론 보도를 더 신뢰해, 박 목사와 교회가 정부의 만류에도 불구하고 위험한 지역에 사람들을 보내서 이런 일이 생겼다고 판단하고 교회를 떠났습니다. 그러나 그런 경우는 두세 가정에 불과했습니다.

샘물교회를 걱정해서 방문하시는 분들이 주일마다 많았고, 어떤 분들은 자기 교회에서 예배를 드린 뒤 샘물교회에서 주일 예배를 한 번 더 드리기도 했습니다. 그런 연유로 샘물교회 주일 예배에는 피랍 사건이 터진 이후, 이전보다 더 많은 사람들이 참석하기 시작했습니다.

이런 오해와 비난 속에서도 샘물교회 성도들이 흔들리지 않고 자리를 잘 지켜 준 것은 목장의 힘이 아니었나 생각됩니다. 당시 그런 엄청난 소용돌이 속에서도 샘물교회의 목자들은 매 주일 오후에 모이는 목자 모임을 통해 당시의 상황을 정확하게 접하고 있었습니다. 주일 낮 예배 시간에 나누지 못하는 소식들을 목자들만 모였을 때 나누었기 때문입니다. 목장에서 어떤 성도들이 질문하거나 오해가 생길 때 목자들이 정확한 지식에 근거해서 답하고 오해를 푸는 역할을 감당했습니다.

각 목장은 이렇게 내부적으로 하나가 되면서 큰 힘을 발휘했습니다. 아프간 사건 당시 많을 때는 100여 명의 기자들이 40일 동안 샘물교회에 진을 치고 있었습니다. 피랍 가족들도 피랍 기간 내내 교회에 머물고 있었습니다. 수많은 외부 사람들이 교회를 방문했습니다. 권사회가 앞장서서 지휘를 하고, 각 목장 식구들이 헌신하면서 이들의 점심과 저녁을 준비했습니다.

청년 평원에서는 담당 교역자인 배형규 목사님이 아프간에서 순교하여 혼란한 상황하에서도 리더들과 목자들을 중심으로 똘똘 뭉쳐서 기존의 사역들을 중단 없이 감당해 나갔습니다. 바쁜 가운데 자칫 소홀하기 쉬웠던 배형규 목사님과 심성민 형제님의 유가족들과도 긴밀하게 접촉하여 그들과 슬픔을 나누며 위로를 전하는 등 자발적으로 모든 일을 감당해 나갔습니다.

한 주일에는 교회 앞에서 반기독교와 반샘물교회를 외치는 사람들이 십수 명 모여 아프간 사건을 비난하며 집회를 했습니다. 앞으로 몇 달 동안 계속 와서 집회를 하겠다면서 자신들이 오지 않도록 박 목사가 자기들의 질문에 답을 하고, 자기들을 설득하라고 면담 요청을 했습니다. 그들의 질문은 제가 답할 수 없는 것들이 대부분이었습니다. 그들에게 미안했지만 면담 요청을 거절하기로 했고, 성도들에게 무관심으로 대응해 달라고 요청했습니다.

언론이 그들의 시위에 관심을 보이지 않자 2-3주 지나니까 참여하는 숫자가 4-5명으로 줄었고, 샘물교회의 H형제가 시위 장소를 먼저 경찰서에 요청해서 그들이 시위하는 것을 막기도 하면서, 결국 그들의 시위는 오래가지 못하고 중단되었습니다.

잊지 못할
하나님의 사람들   피랍 사건을 경험하면서 하나님이 곳곳에 두신 사람들을 연결해 주셨습니다. 국정원의 S형제님을 비롯한 여러 분들, 외무부의 P형제님, 청와대 비서실의 C형제님, 미국 워싱턴의 K형제님, 이런 분들이 중요한 정보들을 알려 주면서 우리를 격려해 주었고, 함께 수고해 주었습니다. 하나님의 축복이 함께하기를 기도합니다.

파키스탄에 지진이 났을 때 한국 교회의 헌금으로 그곳 주민들에게 밥을 먹이며 활동했던 분이 있었습니다. 그분은 K목사님인데, 2007년 당시에는 국내에서 빈민 사역을 하고 있었습니다. 그분이 탈레반의 수장 오마르와의 접촉이 가능하다며 자신을 파키스탄으로 보내 달라고 요청했습니다. 국정원 간부에게 문의했더니 도움이 될지도 모르겠다고 해서 K목사님께 파키스탄으로 가 달라고 부탁했습니다.

그런데 그분이 영어를 하는 사람을 붙여 주어야 파키스탄에서 중요한 사람들을 만나서 일을 할 수 있다고 했습니다. 샘물교회에서 영어를 자유롭게 할 수 있는 형제는 L목사님이었습니다. 결혼한 지 얼마 되지 않은 L목사님이 그 일을 수락하는 것은 어려운 일이었지만, 그분은 쾌히 K목사님과 함께 파키스탄으로 가서 여러 가지 활동을 하고 무사히 돌아왔습니다.

오마르와 동문수학한 파키스탄의 상원의원이 오마르에게 한국인 인질들을 빨리 풀어 주고 국제 사회의 신뢰를 회복하라는 편지를 보내게 했고, 파키스탄 고위층 사람들에게 협조 요청을 하고 돌아왔습니다.

어떤 분이 제게 홍보 전문가인 O교회의 S집사님께 도움을 요청하라고 했습니다. S집사님은 저녁이면 샘물교회에 와서 여러 가지 조언을 많이 해 주었습니다. 특히 전 세계의 언론을 움직이기 위해서 피랍자들의 부모님들이 회교권 나라들의 서울 대사관으로 찾아가서 활동하는 것이 필요하다고 제안했습니다.

S집사님의 제안대로 피랍자 부모님들을 중심으로 방문단을 구성했습니다. 그리고 매일 회교권 대사관을 하나씩 방문했습니다. 하얀 옷을 입고, 회교권에서 생명을 상징한다는 빨간 장미 한 송이를 전하면서, "우리 아이가 보고 싶어요", "내 자식을 살려 주세요" 등등 영어로 쓴 피켓을 들고 대사관 앞에서 눈물의 호소를 했습니다. 어떤 어머니가 몸을 가누지 못해 휠체어에 앉아서 "내 딸을 살려 주세요" 하고 외치면서 통곡하는 애처로운 모습이 뉴스에 나가기도 했습니다. 교회 홍보 팀은 가능한 한 날마다 전 세계 언론에 피랍 가족들의 얘기가 실리도록 애를 썼습니다.

탈레반이 정부군에 붙잡혀 있는 자신들의 인질과 교환하기 위해서 외국인 인질을 붙잡았던 것이 확실합니다. 탈레반이 샘물교회 봉사 팀을 붙잡은 후 처음 했던 질문은 "어느 나라 사람이냐?"였습니다. 한국인 인질과 자신들의 인질을 맞바꾸고 싶었지만, 아프간 정부군과 미국이 들어주지 않으니까 두 사람을 죽이면서 압박을 가했던 것입니다.

그래도 효과가 없자 그들이 고심한 것으로 보입니다. 그런 상황에서 국제적인 여론이 나빠지자 여론을 돌려놓기 위해서 무조건 여성 인질 두 사람을 풀어 주었고, 결국은 더 이상 죽이지 않고 모든 인질들을 풀어 주었던 것으로 생각됩니다. 그때 당시에는 몰랐지만, 세계 언론에 호소했던 부모님들의 눈물은 굉장히 중요했고, 큰 효과가 있었습니다.

피랍자들의 부모님들

피랍 사건이 진행되는 동안 가장 큰 고통을 받았던 분들은 부모님들이었습니다. 믿음을 가진 부모님들은 비교적 잘 견디는 것 같았습니다. 하지만 믿음이 없는 부모님들은 교회가 원망스럽고, 하나님이 원망스러웠을 것입니다.

사건이 터진 후 얼마 동안은 한민족복지재단 사무실에 함께 모여 있었습니다. 샘물교회 아프간 봉사 팀이 한민족복지재단의 칸다하르 지부의 초청장을 가지고 아프간에 입국했기 때문에 처음에는 이 재단에서 일처리를 하다가 도저히 감당할 수 없는 상황에 이르러 교회로 장소를 옮겼습니다.

부모님들은 불안한 상황 속에서 아침 10시쯤이면 교회로 함께 모였습니다. 한방에서 서로 격려하고, 정보도 나누면서 밤 11시나 12시까지 있다가, 집으로 가서 좀 쉬었다가, 다시 모이기를 반복했습니다. 부모님들이 모여 있는 방에 저도 하루에 한 번씩은 들러 인사를 하고 격려도 했습니다.

제가 방에 들어가면 처음에는 저와 눈을 마주치는 분이 아무도 없었습니다. 시간이 지나면서 부모님들의 태도가 조금씩 달라지기 시작했습니다. 저와 인사를 나누기도 하고, 수고한다고 말해 주는 분도 생겼습니다.

교회 2층 본당에서 저녁마다 모이는 기도회에 우리도 올라가서 함께 우리 자녀들을 위해서 기도하자는 제안에 얼마간은 반응이 없던 부모님들이 10여 일이 지난 후부터 참여하기 시작했습니다. 점차 교회와 같은 마음으로 하나 되기 시작했습니다. 그분들을 위해서 팀을 만들어 섬기며, 함께 언론에 호소도 하면서 어려움을 잘 겪어 냈습니다.

21명이 석방된다는 소식을 듣던 날, 마지막 저녁 기도회를 감사의 기도회로 모였습니다. 피랍자 부모님들을 강단 앞으로 나오게 하고, 수고하셨다고 박수하고, 함께 기뻐하며 격려하는 시간을 가졌습니다. 강단에서 내려가기 전 아들과 딸 둘이 피랍되어 어떤 부모님보다 힘든 시간을 보냈던 S씨가 제게 "목사님, 제가 한 말씀 해도 되겠습니까?" 하고 물었습니다. 그러시라고 했더니 그분이 성도들을 향해서 큰 소리로 외쳤습니다.

"여러분, 하나님은 살아 계십니다. 하나님은 분명히 살아 계십니다!"

전혀 하나님을 몰랐던 그분이 많은 성도들 앞에서 짧지만 분명하게 고백했던 그 말은 분명히 하나님이 그의 입에 주신 말이었습니다.

하나님이 살아 계신 증거가 또 있습니다. S씨가 애타게 기다렸던 딸은 피랍 당시 결혼한 지 얼마 안 된 신부였습니다. 그녀는 지금 남편과 함께 C국에 선교사로 가서 그곳을 섬기고 있습니다. 피랍 당시 아프간 현장 선교사였다가 봉사 팀과 함께 억류되었던 두 선교사는 지금 현재 아프간 땅으로는 들어가지 못하고, 아프간 사람들이 있는 다른 지역으로 가서 그들을 섬기고 있습니다.

피랍되었던 한 형제도 아프간 백성들을 섬기기 위해서 떠날 준비를 하고 있습니다.

아프간과 선교라는 말만 들어도 고개를 돌릴 수 있는 죽음의 40일을 경험한 그들이 다시 아프간 백성을 섬기겠다고, 선교하겠다고 나가는 것은 오직 하나님만이 하실 수 있는 일임이 틀림없습니다. 그들을 보면 하나님은 분명히 살아 계신 분이십니다.

가장 어려웠던 순간

주께서 깨우쳐 주신 것 피랍 사건이 터지고, 언론의 공격이 샘물교회를 향해서 포문을 열었을 때, 그리고 일부 교회와 성도들까지 가세해서 공격했을 때 참 고통스러웠습니다. 일주일 동안 아무것도 먹을 수가 없었고, 잠을 잘 수가 없었습니다. 일주일이 지났을 때 아내와 둘이 몸무게가 5kg 줄었습니다. 처음 며칠은 금식을 했지만, 억지로라도 먹고 힘을 내야겠다고 생각할 때도 먹을 수가 없었습니다.

하루 종일 제 서재에서 YTN과 뉴스 방송을 틀어 놓고 혹시 새로운 소식이라도 있나 살피면서 많은 기도를 했습니다. 처음에는 하나님께 원망을 많이 했습니다.

"제가 죄인이지만, 저의 죗값 때문에 저들이 아프간에서 억류되게 하시는 하나님은 아니시지 않습니까! 저들을 살려 주십시오! 살려 주십시오!"

절규하면서 기도하다가 나중에는 지쳐서 기도가 제대로 나오지 않았습니다.

한국 교회에 대한 공격이 아프간 피랍 사건과 맞물려 쏟아져 나왔습니다. 그런 뉴스를 접할 때마다 "하나님, 저는 저런 목회를 하지 않았습니다. 저런 엉터리 같은 교회가 아닌데 왜 이런 시련을 겪어야 합니까?" 등 말도 안 되는 원망과 기도 아닌 기도를 하나님을 향해서 내뱉었습니다.

피랍 첫 주간 수요일 낮에 피랍된 유경식 전도사님이 탈레반의 휴대폰으로 교회 사무실로 전화를 했습니다. 잘 있다고, 곧 풀려날 것 같다고, 너무 걱정하지 말라고 했습니다. 너무 감사하고 반가웠습니다. 특히 유경식 전도사님은 제일 고령자였고, 갑상선 암 수술을 받은 지 얼마 되지 않아 제일 걱정하던 사람이었습니다. 정부 측에서 유경식 전도사님이 전화했다는 사실을 외부로 밝히지 말아 달라고 요청했습니다.

수요일 저녁 기도회 시간에, 자세한 설명은 못하지만 오늘 좋은 일이 있었다고, 너무 걱정하지 말고 힘을 내서 기도하자고 제가 성도들에게 말했습니다.

수요 기도회가 끝나고 사람들이 일어서는데, 강단 쪽을 바라보던 성도들이 헉 하고 울면서 주저앉는 모습이 보였습니다. 뒤돌아보니까 배형규 목사님이 낮에 순교했다는 소식이 자막에 떠 있었습니다.

일부 성도들은 집으로 돌아가고, 많은 성도들은 도로 자리에 앉아서 눈물의 기도회가 시작되었습니다. 저는 예배 준비실로 들어가서 다시 소식을 확인했습니다. 순교가 틀림없었습니다.

그날 밤을 꼬박 새우면서 기도하는데 참 두렵고 무서웠습니다. 몸이 피곤한 것도 느낄 수 없었고, 아무것도 느껴지지 않았습니다. 누군가 또 죽는다는 사실을 생각할 때 그저 두렵고 무서운 생각뿐이었습니다.

아침마다 제게 들러 소식을 전해 주던 국정원 간부는 남자 7명이 다 죽어야 일이 끝날 것 같으니까 목사님이 마음을 단단히 먹으라고 말했습니다. 땅속으로 꺼지고 싶었습니다.

며칠 후 심성민 형제님이 순교했습니다. 오열하며 부르짖는 부모님을 보며 제 자신도 절망적이었습니다.

'다음은 누군가? 누가 또 죽는단 말인가?'

연로하신 K목사님이 전화를 해서 자신이 청년들 대신 인질이 되겠다고 정부에 뜻을 전해 달라고 했습니다. 너무 감사했습니다. 정부 측에 저와 K목사님이 아프간으로 가게 해 달라고 부탁했습니다. 그리고 혹시 탈레반이 우리를 인질로 바꾸게 할 방법은 없겠느냐고 물었습니다. 불가능한 일이라는 답이 돌아왔습니다.

심성민 형제님이 순교한 다음 날이었습니다. 새벽 기도회를 마치고 제 방에서 눈을 감고 멍하니 앉아 있었습니다. 하나님을 향한 원망이 마음속에 가득했습니다. 샘물교회를 비방하는 자들에 대한 분노도 마음속에 가득했습니다. 갑자기 머릿속에 한 장면이 스냅사진처럼 떠올랐다가 사라졌습니다. 그것은 저희 부모님이 돌에 맞아 피를 흘리고 있는 장면이었습니다. 저는 그 옆에서 팔짱을 끼고 구경하고 있었습니다.

그 장면을 본 순간, 저는 의자에서 미끄러져 바닥에 내려앉았습니다. 하나님이 제게 무엇을 말씀하시는지 깨달았기 때문입니다. 지금 제 부모요 제 아비인 한국 교회가 온 세상 사람들로부터 욕을 먹고 있는데, 저는 팔짱을 끼고 "하나님, 저는 그런 목회를 하지 않았습니다. 저는 그런 욕을 먹을 사람이 아닙니다" 이러고 있었던 것입니다. 하나님 앞에 무릎을 꿇고 자복했습니다.

"하나님! 제가 죄인입니다. 그것도 깨닫지 못하고, 저 하나 조금 열심히 했던 것을 가지고 한국 교회의 아픔을 저의 아픔으로 품지 못했습니다. 용서해 주시옵소서!"

진심으로 하나님 앞에 통회 자복하면서 엎드렸습니다. 기도한 후 일어섰을 때 제게 힘이 생긴 것을 느낄 수 있었습니다. 또 누가 죽는다고 생각했을 때 그렇게 두렵고 떨렸는데, 회개의 자리에서 일어선 후 제 마음이 달라져 있었습니다.

'복음을 위해서 남자 7명이 다 죽는다고 해도 그것이 주님의 뜻이라면 내가 기꺼이 감당해야지!'

이런 생각이 생긴 것입니다. 차마 누구에게도, 심지어 아내에게조차도 그런 말을 하지는 못했지만 그날이 제게는 아프간 피랍 사건의 분수령이었습니다. 그날 저녁 기도회 때 저는 성도들에게 이렇게 말했습니다.

"사건이 오래갈 것 같으니까 이제 더 이상 금식하지 말고, 밥을 먹으면서, 섬겨야 할 사람들을 섬기면서 버팁시다. 피랍자들이 돌아오는 그날까지 온 힘을 다해서 버팁시다."

배형규 목사와
심성민 형제,
그리고 그 가족들

배형규 목사님은 저와 17년을 함께 지낸 아우 같은 사역자였습니다. 청년 시절 서울영동교회에 와서 신학 공부를 시작하고, 교육전도사로 사역을 했습니다. 그는 신학대학원 학생일 때 상당한 규모로 발전한 청년회의 담당 교역자로 추천되었습니다. 그때는 제가 배 목사님의 사역에 대한 역량을 미처 알기 전이었는데, 유학을 떠나는 청년회의 전임 사역자 L목사님이 배 목사님이 적임자라고 강력하게 추천해서 청년 사역을 시작하게 된 것입니다.

분당에서 분립 교회를 하기로 결정했을 때 배 목사님은 제일 먼저 무조건 개척에 동참하겠다고 말해 주어 제게 큰 격려가 되었습니다. 그분은 평생 청년 사역자로 섬기기를 원하니까 샘물교회에서 다른 일은 맡기지 말고 청년 사역만 하게 해 달라고 요청했습니다.

당회원들 중에는 청년 십수 명을 위해서 어떻게 전임 사역자를 세우느냐고 말하는 분도 있었습니다. 청년이 몇 명쯤 되면 전임 사역자를 세울 수 있겠느냐고 물었더니 100명은 되어야 되지 않겠느냐고 답했습니다. 배 목사님을 전임으로 세우면 곧 100명 전도가 이루어질 것이라고 말했는데, 그분이 떠날 때 샘물교회 청년들은 300명 정도 출석하고 있었습니다.

배 목사님의 순교는 모두에게 큰 충격이었습니다. 그러나 가족들만 했겠습니까? 가족들을 걱정하고 있는 와중에 배 목사님의 순교 후 처음 들은 가족들의 소식은, 배 목사님을 친아들처럼 아끼고 사랑했던 배 목사님의 이모님이 "우리 가문에 순교자가 나다니!" 하면서 영광스러워했다는 것이었습니다. 참 놀라운 믿음이었습니다.

배 목사님의 부모님과 사모님이 그분의 순교 이후 보여 준 믿음의 태도는 모두에게 큰 영향을 주었습니다. 김희연 사모님이 딸 지혜에게 아빠의 순교 소식을 전하면서 "아빠는 아빠 생일날 하나님의 큰 선물을 받아 먼저 천국으로 가셨단다"라고 말했다는 소식을 듣고 감사와 슬픔의 눈물을 흘렸습니다.

배 목사님의 부모님과 사모님이 자주 피랍자 부모님들이 머물고 있는 방에 들러 그분들을 위로하고 격려했던 것은 큰 효과가 있었습니다. 아들과 남편을 잃은 분들이 와서 위로를 하니까 걱정하며 안타까워하던 피랍자 부모님들이 누구에게서도 받지 못한 격려를 받았던 것입니다.

또 다른 순교자 심성민 형제님의 부모님은 믿음이 없는 분들이었습니다. 아들이 교회에 나가는 것도 모르고 있었고, 아프간 봉사 활동을 간 것조차 모르고 있었습니다. 심성민 형제님은 어릴 때 잠깐 교회에 다니다가 그만두고 오랫동안 신앙을 떠나 살았습니다. 서울에 취직이 되어 성남에 집을 얻고 살았는데, 고등학교 때 자신을 전도했던 친구를 길에서 만나 다시 교회에 나오게 되었습니다. 그리고 믿음이 놀랍게 자라기 시작했습니다.

심성민 형제님은 장애인 부서인 사랑부에서 교사로 섬기면서, 청년회에서 훈련을 받으며 신앙생활을 열심히 했습니다. 아프간으로 봉사활동을 떠날 때 그는 직장을 정리하고, 앞으로 신학대학원에 진학해서 공부를 마친 후 농촌 목회를 하겠다는 결심을 이모님께 고백했습니다. 그의 꿈이 이루어지지는 않았지만, 믿음은 바라는 것들의 실상이라는 주님의 말씀대로 심성민 형제님의 꿈은 이루어진 것이나 다름없이 하나님께 드려졌다고 믿습니다.

장남을 잃은 후 큰 충격을 받은 심성민 형제님의 어머님은 시골집으로 가지 않고 서울에 있는 동생 집에 머물면서 동생 집사님의 인도로 교회 생활을 시작했습니다. 아들을 천국에서 다시 만나기 위해서 교회에 가야 한다는 말은 사랑하는 아들을 잃은 어머니를 설득하기에 충분했던 것 같습니다.

몇 달 후 고성 집으로 내려간 후에도 심성민 형제님의 어머님은 계속해서 교회에 다녔습니다. 종갓집 맏며느리였던 그녀가 교회에 간다는 것은 누구도 상상하지 못했던 일이었습니다. 심씨 집안의 엄격한 어른들도 "아들을 잃은 어미가 마음의 위로를 얻기 위해서 교회에 간다는데 누가 말리겠느냐" 하며 너그럽게 생각했다고 합니다. 순교라는 기막힌 사건이 문중 어른들의 입을 닫게 했던 것입니다.

세례를 받고 집사님이 된 후 2010년 여름, 심성민 형제님의 어머님이 샘물교회의 주일 낮 예배에서 간증을 했습니다.

"저와 같은 죄인의 몸에서 순교자가 태어나는 영광스러운 축복을 주신 하나님께 감사합니다."

그분의 고백은 우리 모두로 하여금 감사와 기쁨으로 가득 찬 눈물을 뿌리게 했습니다. 하나님을 찬양합니다!

또 다른 형규   피랍 사건이 있기 전인 2007년 봄, 탈북자 사역을 하고 있던 샘물교회의 P선교사님이 C국으로 들어와 달라고 요청했습니다. 현장 사역을 둘러보기도 하고, 한 사람에게 세례를 베풀어 달라고 했습니다. 그 지역의 목회자들에게 세례를 부탁하기에는 위험 부담이 너무 커서 본교회의 사역자가 와서 세례를 베푸는 것이 좋겠다고 했습니다.

제가 갈 형편이 되지 않아 배형규 목사님을 보냈습니다. P선교사님은 배 목사님과 함께 청년회를 섬긴 일꾼이었기 때문에 배 목사님도 탈북자 사역에 많은 관심을 가지고 있었습니다.

배 목사님께 세례를 받도록 준비된 K형제는 11년 동안 북한군에 근무했던 사람이었습니다. 군대 생활을 하면서 한 번도 집에 가지 못하다가 제대를 하고 와 보니까 모든 가족들이 굶어 죽어 버린 기가 막힌 경험을 가진 형제였습니다. 중국에 먹을 것을 구하러 왔다가 선교사님을 만나 복음을 듣고 예수님을 영접했을 뿐 아니라 북한에 들어가서 복음을 전하기로 헌신한 형제였습니다.

배 목사님이 그와 함께 며칠을 지내면서 그의 아픈 얘기들을 들어 주고, 격려하고, 가르치고, 세례를 베풀고, 그리고 그를 북한으로 파송했습니다. 그에게 자신의 이름인 '형규'를 붙여 주면서 복음으로 북한을 섬기라고 보냈습니다.

2007년 연말에 김형규 형제가 C국에 나타났습니다. 북한에서 지하교회를 하다가 어려운 일을 만나 피신해 나온 것이었습니다. 지난여름 배 목사님이 아프간에서 순교했다는 소식을 듣고 그렇게 많이 울었다고 했습니다.

그리고 '배 목사님처럼 나도 복음을 위해서 죽겠노라' 하고 다시 북한으로 들어갔는데, 지금까지 그의 소식을 듣지 못하고 있습니다. 하나님이 그와 함께하실 것을 믿습니다.

모든 성도들에게 주신 순교의 영성

하나님의 은혜로 피랍된 23명 중 배형규 목사님과 심성민 형제님을 제외한 21명의 지체들이 피랍 40여 일 만에 무사히 귀환하게 되었습니다. 두 분의 순교는 정말 슬프기 그지없는 일이었습니다만, 나머지 지체들만이라도 건강한 모습으로 다시 만나게 된 것은 너무도 감사한 일이었습니다. 그때 저는 〈목회 편지〉에 이렇게 썼습니다.

43일간의 긴 여정이 마침내 끝났습니다. 배형규, 심성민 두 분의 순교는 말로 표현하기 어려운 슬픔이었습니다. 피랍된 21명과 가족들의 눈물은 어떤 것과도 비교할 수 없는 고통이었습니다.

긴 시간 동안 새벽과 저녁을 비롯해서 시간마다 기도하며 섬기신 성도님들의 수고가 참 컸습니다. 하나님이 우리의 기도에 응답하셔서 오늘의 기쁨을 갖게 됨을 감사드립니다.

피랍 사건 해결을 위해서 모든 수고를 아끼지 않은 정부 당국자들께 깊은 감사를 드립니다. 사려 깊은 보도로 협조해 주신 언론 관계자 여러분께 또한 큰 감사를 드립니다. 뿐만 아니라 피랍자들을 자신의 가족처럼 생각하며 함께 안타까워하시고 한마음으로 성원해 주신 국민 여러분께 뜨거운 감사를 드립니다.

이제 우리는 그 모든 것을 뒤로하고 앞을 바라보며 나아가야 하는 자리에 섰습니다. 먼저 두 순교자의 가족들에게 하나님의 평안이 있기를 구합니다. 고통받는 사람들을 위해 흘린 그들의 피가 헛되지 않도록 모든 노력을 다할 것입니다. 특히 이번 사건으로 인해 더욱 분명하게 드러난 한국 교회의 부족함을 아픔으로 품고 한국을 섬기며 이 시대를 섬겨야 할 것입니다.

그동안의 과정도 만만치 않았습니다만 앞으로 이전보다 더 어렵고 힘든 영적 싸움을 감당해야 할 것입니다. 인질들의 생명 때문에 공격을 자제하고 있던 많은 사람들이 무차별로 교회와 복음을 공격할 것이 예상됩니다. 우리 샘물교회는 본의 아니게 이 전쟁의 한가운데 서게 되었습니다.

이를 위해서 우리는 다시 기도의 자리에 모이기를 원합니다. 배형규 목사님의 장례가 끝나는 대로 추석 전까지 저녁마다, 새벽마다 하나님 앞에 다시 엎드립시다.

이번 사건을 통해서 복음에 대한 이해가 없는 대다수 국민들에게 심려를 끼치게 되어 참으로 죄송했습니다. 특히 아프간 땅에서 조용하게 섬기고 있던 많은 사역자들이 그들이 생명처럼 사랑했던 아프간을 두고 떠나게 되어 참으로 안타깝습니다. 주께서 빈자리를 채워 주시기를 기도합니다.

2007년 8월 31일 아침
21명 전원 석방 소식을 감사하며
여러분과 동역함을 큰 기쁨으로 여기는 박은조 올림

아프간 사건은 분명 샘물교회의 큰 시련이었습니다. 어떤 면에서 교회의 존망이 위협받을 정도의 사건이었습니다. 그리고 이 사건은 이제 출발한 지 5개월밖에 안 된 가정 교회의 각 목장에 불어닥친 큰 시험의 폭풍이었습니다.

그럼에도 불구하고 샘물교회 성도들은 이 시련을 한마음으로 기도하고 헌신함으로 잘 극복했습니다. 성도들의 단합된 노력은 목장을 더욱 견고하게 했고, 함께 모여 기도하면서 교회와 목장이 하나 되는 큰 은혜를 경험했습니다.

아프간에 피랍되었던 지체들이 모두 돌아왔을 때 한 성도가 대표 기도를 하면서 이렇게 고백했습니다.

"이제 우리는 배형규 목사님이 살아 계실 때처럼 살 수 없음을 압니다!"

이 표현 속에 순교의 영성이 깊이 자리를 잡아 가고 있음을 발견할 수 있었습니다. 순교의 영성은 샘물교회 식구들에게만 주신 가르침이 아니고, 이 시대 모든 그리스도인들에게 주께서 주신 가르침이라고 생각합니다.

"온전한 헌신은 자신의 가장 귀한 것을 드리는 것이다."

이 말은 배형규 목사님이 책상 앞에 써 붙여 둔 좌우명입니다. 그분은 자신의 가장 귀한 생명을 주님을 위해 드림으로 자신이 원했던 삶을 살았습니다.

이제 우리에게 남겨진 과제가 있습니다. 우리의 가장 소중한 것을 바쳐 주님께 온전한 헌신의 삶을 드리는 것입니다.

한 교회의 부교역자들의 행복지수는 담임목사가 어떤 성품의 사람인가를 보여 주는 결정적인 요소 중 하나일 수 있다.

박은조 목사는 서울영동교회와 샘물교회, 은혜샘물교회에 이르기까지 30여 년간 목회하면서 수많은 동역자들을 만났다. 손봉호 박사를 비롯해 윤종하, 이만열, 김세윤, 이태웅, 하용조, 옥한흠, 홍정길 등 다양한 리더들에게 영향을 받으면서 성장해 온 박은조 목사에게는 마찬가지로 그를 영적 스승으로 모시고 따르는 수많은 부교역자들이 있다. 홀로 가기에는 너무나도 고단하고 벅찬 목회 길을 그들 덕분에 더 유쾌하게 걸을 수 있었을 것이다.

3부

동역자들이 본
샘물교회

1장_
참을 수 없는 교회 사랑 _ 김승겸 목사(원천침례교회)

박은조 목사님과의 오랜 인연

샘물교회는 담임목사 혼자서 꾸려 가는 교회가 아니었습니다. 그런 면에서 부교역자였던 제가 어떤 눈으로 박은조 목사님을 바라보는가를 나누는 것은 박 목사님과 샘물교회를 이해하는 데 도움이 될 것입니다.

저는 샘물교회가 개척될 때 강도사로서 박 목사님과 함께 섬겼습니다. 박 목사님 자신은 자랑이 될까 봐 절대로 하지 않는 이야기들이 많이 있는데, 저로서는 그런 부분들이 건강한 교회를 세우는 데 있어 굉장히 중요한 요소라고 생각합니다.

박 목사님이 결혼할 때 중학생이었던 저는 목사님의 결혼식 자리에 있었습니다. 양미희 사모님이 저의 중학교 선생님이었기 때문입니다. 1983년 대학에 오면서 당연히 박 목사님이 계시는 서울영동교회로 출석을 했습니다. 대학을 졸업하고 신학교에 갈 때 서울영동교회에서 전도사 생활을 처음 시작했고, 지금까지 오랜 세월 동안 목사님을 가까이에서 뵙고 있습니다.

분당샘물교회는 서울영동교회의 네 번째 분립 교회인데, 저는 이번을 제외하고도 다른 두 개의 분립 교회에 참여했습니다. 그리고 외국에 잠시 공부하러 갔다가 온 것 말고는 늘 박 목사님 곁을 떠나지 않았습니다. 또 실제로 목사님과 형, 동생처럼 지내고 있습니다. 그래서 목사님에 대해서는 누구보다 잘 안다고 자부하고 있습니다.

인격적인 리더십   샘물교회가 처음 시작할 때 전임 사역자는 목사님과 저와 여전도사님 한 분이 있었습니다. 그리고 10여 명의 신학대학원 학생들이 개척에 동참했습니다. 그들이 학교를 졸업한 후에도 대부분 전임 사역자가 되어 섬겼습니다. 저는 행정을 맡은 부교역자로서 사역자들이 너무 약하다는 생각을 많이 했습니다. 경험도 없는 사람들을 데리고 일하면서 박 목사님은 관리조차도 아주 느슨하게 하는 것 같아 걱정을 많이 했습니다.

그러나 그 생각이 기우였다는 것을 사역의 열매가 증명하고 있습니다. 목사님이 가지고 있는 리더십 중 중요한 것 하나는 사람을 믿고 인내한다는 것입니다. 그런데 저는 행정을 맡고 있다 보니까 사람들을 나름대로 평가하고, 걱정하는 경우가 많았습니다. 그런데 옆에서 보면 박 목사님은 정말로 그들의 약점이나 부족한 점을 뻔히 알면서도 그들을 아끼고 좋아해 주는 것을 볼 수 있었습니다.

마음에 안 드는데 노력해서 좋아하는 게 아니라 정말로 그 사람을 사랑하고 받아들이는 것입니다. 그리고 정말로 사랑하고 좋아하기 때문에 참아 주는 것입니다.

저에 대해서도 마찬가지였습니다. 목사님은 저를 중학생 시절부터 알고 가까이 지내면서 온갖 허물을 알지만 그래도 전혀 개의치 않고 지금까지 이 사역을 함께 이끌어 올 수 있게 해 주었습니다. 대부분의 부교역자들이 그런 관계 속에서 목사님께 보여 드릴 것, 안 보여 드릴 것 없이 다 보여 드렸음에도 불구하고 목사님이 참고 인내하면서 기다려 준 일들이 너무 많았습니다.

그런 과정에서 사역자들의 사기는 아주 높았습니다. 진심으로 일을 하고자 하는 열망들이 많이 생겨나는 것을 경험했습니다. 그런 점에서 박 목사님의 리더십을 많이 본받고 싶습니다.

박 목사님은 아주 뛰어난 인격적인 사역자입니다. 목사님은 간혹 이렇게 말했습니다.

"대형 교회들을 보면 담임목사의 카리스마나 칼 같은 행정력과 지도력으로 이끌어 가는 리더십이 있고, 또 반대로 인격적인 관계를 맺고 좀 참으면서 느슨하게 하는 리더십이 있는데 어떤 것이 더 효율적이고 좋은지 모르겠다. 그런데 나는 천성적으로 칼같이 하는 게 잘 안 되니까 이렇게 느슨하게 하는 거다."

부교역자들 입장에서는 본이 되어 따를 수 있는 지도자가 필요합니다. 다들 말을 너무 잘하고, 겉으로 보기에 문제가 없어 보이지만, 실제 삶에서 '나도 저분처럼 되어야겠다'고 생각하게 하는 지도자는 적은 것이 우리의 현실입니다. 우리 예수님도, 사도 바울도 본이 되는 삶을 보여 주셨습니다. 그런 점에서 박 목사님은 부교역자들을 윽박지르고 따지면서 일 중심으로 사역을 한 것이 아니라 기다리고 감싸 주면서, 그가 더 온전히 자라기를 도우면서 후배들에게 본이 되는 사역을 해 온 것입니다.

성도들은 본능적으로 담임목사님과 부교역자들의 관계를 잘 알고 있습니다. 교역자들은 성도들에게 "소그룹 모임을 통해 서로 사랑하고, 하나 되는 공동체를 만들자"고 늘 도전합니다. 그렇게 말할 수 있으려면 교역자 공동체가 먼저 서로 사랑하고 용납하고 화평의 공동체를 만들어야 합니다. 그렇지 못하면 모든 것이 말잔치로 끝나고 마는 것입니다. 샘물교회의 경우 사역자 공동체가 인격적으로 하나 된 것을 성도들이 알고 있었기 때문에 더 건강한 교회를 만들 수 있었다고 믿습니다.

귀 얇은 목사님   박 목사님이 참신한 기획가이고, 전략적인 사고를 하는 분이라는 평가는 한편으로는 맞기도 하고, 또 한편으로는 틀리기도 합니다. 이것은 목사님의 인격과 연관이 있는데, 목사님은 순발력도 뛰어나고 머리가 뛰어난 분입니다. 항상 책을 많이 읽을 뿐 아니라 우리 교회가 나아가고자 하는 방향에 대해서도 교회가 시작되기 전부터 엄청난 파일을 준비해 놓았습니다.

하지만 일을 할 때는 누구에게도 강요하지 않았습니다. CEO의 입장에서 굉장히 유약하다고 할 수 있습니다. 밀고 나가기보다는 오히려 사람들의 의견을 통해서 하나님의 인도를 기다리는 식으로 일을 했습니다.

목사님의 약점은 귀가 얇다는 것입니다. "No"를 잘 못하고 "Yes"가 너무 많았습니다. 그래서 누군가가 "목사님, 이거 한번 해 봅시다" 하고 기획안을 들고 오면 전체적인 틀이나 장기적인 계획에 잘 맞지 않음에도 불구하고 "해 봅시다"가 많았습니다.

자주 제안된 것을 가지고 해 보다가 일이 순조로우면 하나님의 인도로 받아들이고, 진척이 안 되고 지지부진하면 '아, 이거는 아니구나' 하는 경우가 많았습니다. 그러니 정말 전략적인 사람들이 볼 때는 '도대체 목사님이 무슨 계획을 갖고 계신 건가? 너무 즉흥적이지 않나?' 하는 느낌을 받기도 했습니다. 뜬금없이 엉뚱한 것을 들고 와서 "이거 한번 해 보자" 하는 경우도 있었습니다. 목사님도 스스로 "하고 싶은 게 너무 많은 게 내 약점이다"라고 말한 적이 있습니다.

저는 기독교 학교 사역을 담당했는데, 학교 설립 인가를 내려고 애를 쓰고 있는 가운데 어느 날 목사님이 갑자기 홈스쿨링을 한번 해 보자고 제안을 했습니다. 담당자인 제게는 일언반구도 없이 말입니다. 전문가 교수님들 몇 분과 박 목사님과 제가 같이 만났습니다. 저는 그분들께 이렇게 물었습니다.

"우리 교회는 기독교 학교를 하려는 교회입니다. 그런데 홈스쿨링은 학교 가지 말고 집에서 애들 키우자는 것 아닙니까? 이 두 개가 어떻게 양립할 수 있겠습니까?"

사실 이것은 그분들께 드린 질문이 아니라 박 목사님께 드린 질문이었습니다. '지금 기독교 학교를 위해서 온 힘을 모아서 가야 되는데 왜 갑자기 홈스쿨링 얘기를 끄집어내어 헷갈리게 하십니까?' 하는 속내였습니다.

그러나 박 목사님의 생각은 달랐습니다. 기독교 학교가 목표가 아니라 기독교 교육이 목표였기 때문입니다. 기독교 학교만이 기독교 교육의 장이 아니라 또 다른 좋은 장이 있다면 얼마든지 성도들을 도전해서 해야 한다는 것이었습니다.

기독교 학교 설립이라는 분명한 목표가 있었기 때문에 교회는 상당한 긴축 재정을 하고 있었습니다. 그런데도 누가 와서 도와 달라고 하면 박 목사님은 거절하지 못하는 경우가 많았습니다. 특히 선교와 관련될 때는 더 심했습니다. 그러나 후일 돌이켜 보면 그것이 단순히 박 목사님의 거절 못하는 성품 때문이 아니고, 하나님의 인도하심에 민감하게 반응하려고 하는 영성 때문이었음을 깨닫게 됩니다.

'하나님이 교회를 그렇게 이끌어 가시는데 내가 어떻게 할 거냐? 이 일도 중요하시만 저 일도 중요하니까 같이 할 수 있으면 최대한 같이 해 보자.'

이런 생각이 늘 목사님의 마음속에 있었습니다.

목사님이 샘물교회 초기에 처음 '아름다운 십대 선교회'(비틴즈) 프로젝트를 내놓았을 때 많은 사역자들은 반대 입장이었습니다. 행정을 맡은 저부터 그랬습니다. '이것은 아직 시작할 때가 아니다. 지금 교회를 개척한 지 얼마 되지도 않았는데 갑자기 무슨 청소년 연합 모임이냐?' 하는 판단이었습니다.

그렇지만 목사님을 보좌하는 입장에서 표면적으로는 반대할 수 없었기 때문에 지켜보기만 했습니다. 그런데 장로님들이 목사님의 제안을 지지하고 나섰습니다. 그렇게 시작된 '비틴즈' 사역이 '라이즈업 코리아'가 되어 한국의 대표적인 청년 사역 단체로 자란 것을 보면 놀랍기 그지없습니다. 이렇게 목사님의 판단이 옳았다는 것이 자꾸 증명이 되니 할 말이 없는 것입니다.

소수를 포기하지 않는 다수결

샘물교회에도 어려운 상황들이 많이 있었습니다. 심각할 정도는 아니었지만 목사님의 스타일에 대해 동의가 안 되는 사람들이 교회를 떠나는 일이 더러 있었습니다. 박 목사님이 일을 치밀하게 조금씩 해 나가는 것이 아니라 폭넓게 벌이는 데다 사람들에 대해 쉽게 감동하고, 쉽게 열어 주는 것을 이해하지 못하는 사람들이 많았습니다.

박 목사님은 반대하는 분들을 설득하는 과정을 거치려고 노력을 많이 하는 분입니다. 해서 당회나 모든 조직에서 많은 토론을 하는 편입니다. 충분히 토론을 해도 결론이 내려지지 않으면 다수결에 따라 결정을 하는데, 박 목사님도 그 결정에 항상 승복합니다. 박 목사님은 지휘권을 쥐고서 "나는 절대로 포기하지 않을 테니 따라와라" 하는 분은 아닙니다. 객관적으로 하나님의 인도를 구하면서 토론을 하고, 최종적으로는 다수결에 따라서 누구든지 승복하고 따라가자는 식으로 갈등을 푸는 스타일입니다.

그런 과정을 밟아 가는데도 일이 제대로 되지 않을 때가 있습니다. 사람을 설득하는 것은 참 어려운 일입니다. 특히 나이가 들면서 자기 생각이 굳어지면서 자기 생각을 잘 포기하지 못하는 경우가 많이 생깁니다.

그래서 당회에서 한두 분이 반대할 때 다수결로 가면 간단한데도 소수의 반대자들을 설득하기 위해서 한두 달을 끌면서 토론을 하는 일이 비일비재했습니다. 그러면 대다수는 "열몇 명 중에서 한두 사람이 반대하는 건데 이렇게 끌지 말고 결정합시다" 합니다. 그러나 박 목사님은 "소수지만 그분들도 같이 가야 합니다. 좀 더 결정을 미루고 그분들을 설득하는 작업을 합시다"라고 합니다.

이런 과정에서 소수 의견을 가진 분들이 결국 승복하고 따라오는 경우가 대부분이었습니다. 그럼에도 '나는 도저히 안 되겠다' 하는 분들은 안타깝게도 조용히 교회를 떠나기도 했습니다.

**진보적
스펙트럼**

박 목사님은 하고 싶은 일도 너무 많고, 또 다른 사람들보다 생각이 많이 앞서 가기 때문에 스태프들이 겁이 날 때가 더러 있습니다. 그리고 간혹 툭툭 던지는 말을 들어 보면 마음으로는 급진적인 생각을 많이 하는 것 같아 보였습니다.

이런 면들은 목사님의 이력과도 많은 관련이 있다고 여겨집니다. 고신이라는 보수적인 교단에 속한 사역지이지만 서울영동교회라는 독특한 교회에서 17년 동안 사역하면서 일반적인 목회자들과는 다른 경험을 많이 한 것으로 생각됩니다. 손봉호 장로님을 비롯해서, 윤종하 선생님, 이만열 교수님, 김세윤 교수님, 이태웅 목사님, 하용조 목사님, 옥한흠 목사님, 홍정길 목사님 등 복음적이면서 진보적인 리더들의 영향을 받으면서 박 목사님 자신도 진보적 입장을 가진 것 같아 보입니다.

영국에서 공부한 이력도 박 목사님의 진보적 태도와 깊은 관련이 있어 보입니다. 복음적이지만 폐쇄적이지 않은 박 목사님의 태도는 고신의 뿌리를 가지고 있지만 폭넓게 사람을 포용하고, 상황을 받아들이는 장점을 가지고 있습니다. 이런 성향은 여러 교단의 사람들이 모여서 함께 공부하며 교제하는 분위기를 가진 영국 신학교에서의 경험과 관련이 있어 보입니다.

이런 박 목사님의 스타일이 교단에서 볼 때나 교회 사역 측면에서 볼 때 너무 진보적이고 폭이 넓어서 따라가기가 힘이 들 때가 자주 있습니다. 그럼에도 불구하고 이런 면들은 박 목사님만이 가지고 있는 특징이자 장점 가운데 하나라고 생각됩니다.

손봉호 장로님과의 관계

박 목사님은 서울영동교회의 설립자인 손 박사님에 대해서 정확한 태도를 가지고 있었고, 그분과의 관계에서 전혀 문제가 없었습니다. 단지 주변의 사람들이 문제였습니다.

손 박사님에 대해 지나친 애정을 가지고 있는 몇몇 분들이 박 목사님이 서울영동교회의 담임목사가 된 후 목사님을 어렵게 했던 것은 사실입니다. 박 목사님의 목회 리더십을 인정하지 않으려고 하고, 목사님을 어리게만 보면서 박 목사님보다는 손 박사님이 목회의 중심에 있어야 된다고 보는 사람들이 더러 있었습니다.

박 목사님은 모든 부분에서 항상 손 박사님과 같이 의논하고 상의하면서 잘 해 나가고 있었습니다. 그래도 그분들이 볼 때는 뭔가 부족하다고 생각한 것입니다. 박 목사님은 손 박사님의 제자이고, 손 박사님이 교회의 중심이어야 한다는 잘못된 생각에서 벗어나지 못했습니다. 박 목사님이 이미 담임목사가 되었고, 손 박사님은 장로가 되어 함께 섬기는데, 그런 사실을 받아들이지 못하고 박 목사님이 담임목사로서 하는 일을 '왜 박 목사님이 그렇게 하느냐?' 하고 잘못 생각하는 경우가 많았습니다.

그런데 박 목사님은 이런 것들을 참 잘 극복해 나갔습니다. 당시 목사님을 굉장히 어렵게 만든 장로님들이 몇 분 있었습니다. 그런데 박 목사님은 그런 분들과 지금까지도 좋은 관계를 맺고 있습니다. 박 목사님은 손 박사님으로부터 은혜를 받고 신앙생활을 했던 그분들이 그렇게 할 수밖에 없었던 상황들을 충분히 이해했습니다. 그분들이 박 목사님을 담임목사로 대하지 않고, 손 박사님의 제자로 대하는 것에 대해 최대한 이해하고, 섭섭해하지 않는 모습을 가지고 있었기 때문에 서울영동교회가 평안했다고 생각됩니다. 박 목사님이 굉장히 독특하다고 생각되게 하는 면입니다.

주변의 분들이 자꾸 목사님을 힘들게 만들고, 또 다른 교회 목회자들도 "힘들지 않냐? 왜 손 박사 밑에서 그렇게 힘들게 목회하냐?" 하고 묻는데도 박 목사님은 힘든 내색을 전혀 하지 않았습니다. 옆에서 보기에도 힘들어하는 것 같지 않았습니다. 그러면서 차츰 리더십을 세워 서울영동교회 사역을 잘 마무리한 것으로 생각됩니다.

샘물교회를 개척한 후에도 손 박사님이 가끔 설교하러 오면 교인들에게 "제 선생님이십니다. 손 박사님이 없었으면 제가 없었습니다" 하고 분명하게 말했습니다. 요즘도 손 박사님께 많은 것을 상의하면서 자주 만나는 것으로 압니다.

남자 성도들이 좋아하는 설교

박 목사님의 설교는 일단 쉽습니다. 접근이 쉽고, 풍부한 예화와 생활 적용 중심의 설교를 합니다. 성경 말씀 자체를 가지고 재미를 더하는 설교가 아니라, 성경을 깊이 강해한 것을 토대로 생활에 적용시키는 가운데 삶을 변화시키고자 하는 설교입니다. 그러니까 누구나 들으면 일단 접근하기가 쉽고, 또 여기에 적절한 에피소드를 통해 표현하기 때문에 많은 사람들이 쉽게 이해하고 감동합니다.

저는 사실 설교 부분에서는 목사님과 생각이 좀 다릅니다. 저는 설교를 하나님의 말씀 중심으로 정확하게 풀어내는 강해식 설교에 익숙하고, 예화도 되도록이면 적게 하는 훈련을 받았습니다. 그러나 박 목사님은 마틴 로이드 존스 목사님을 좋아하고, 그분에 관한 공부를 많이 하면서 적절한 예화와 적용 중심의 설교를 하는 편입니다.

샘물교회 교인들의 90% 이상은 목사님의 설교에 은혜 받아 등록합니다. 그래서 다른 교역자가 설교할 때 박 목사님과 설교 코드가 맞지 않으면 성도들이 좀 힘들어하기도 합니다. 샘물교회 교인들은, 대개의 교회가 그렇겠지만, 목사님식의 설교에 젖어 있습니다. 그래서 다른 스타일의 설교를 하는 사람들에게는 쉽게 마음을 열지 않는 경향이 있습니다.

목사님이 연구년으로 자리를 비운 1년 동안 샘물교회 협동 목사님으로 있었고, 당시 고신대학원 원장이었던 한진한 박사님이 자주 강단에 섰고, 신학대학원 교수님들과 부교역자들, 그리고 손봉호 박사님도 강단에서 설교를 했습니다.

박 목사님은 자신이 없는 1년간 강단을 약화시키지 않겠다고 했지만, 사실 목사님의 설교가 참 독특하기 때문에 어려움이 많았습니다.

샘물교회의 중요한 특징 가운데 하나는 남자 성도들이 많다는 것입니다. 남성들의 등록 비율이 굉장히 높습니다. 혼자 신앙생활을 하던 여자 성도들이 우리 교회에 오면 자기 남편을 꼭 데리고 오고 싶어 합니다. 그래서 남편들이 처음에는 차로 아내를 데려다 주러 왔다가 한 두 번 들어오고, 그러다 등록하고, 세례를 받는 일들이 많았습니다. 목사님의 설교는 남자 성도들에게 무척 합리적으로 접근하는 장점이 있기 때문입니다.

예를 들면, 5월 8일 어버이주일에 구약에 나오는 한 구절을 인용해서 설교를 하는데, "부모를 섬기지 않는 자는 돌을 던져 죽여라"라는 내용으로 굉장히 강력하게 효에 대한 설교를 했습니다. 그런데 보통 교회들이 갖고 있는 영적인 접근만이 아니라 실생활 속에서 접근을 합니다.

사실 많은 성도들이 교회생활과 사회생활, 가정생활이 좀 분리되는 경우가 많습니다. 그런데 박 목사님은 "가정도 교회고, 사회도 선교지다. 모든 부분에서 우리가 하나님의 백성으로서 제대로 살아야 된다"는 점을 철저하게 강조합니다. 모든 족속으로 제자를 삼고, 모든 분야에서 제자로서의 삶을 살아야 된다는 것입니다.

이런 점에서 목사님의 설교가 남자 성도들에게 호소력이 있는 것 같습니다. 그동안 보편타당하게 들리던 다른 설교들과는 다르다고 느끼는 것입니다. 목사님의 통합된 세계관 때문에 그렇습니다. 사실 정말 그렇게 가야 되는데 그걸 알면서도 잘 안 되는 것이 오늘 한국 교회의 현실입니다.

직장생활을 열심히 하기 때문에 교회생활을 제대로 못한다고 죄송해하는 사람들에게 "무슨 소리냐? 직장생활도 하나님을 섬기는 선교 사역이 아니냐?" 하고 말하고, "집에서 아이들을 위해서 밥을 하는 것도 선교다. 그것을 안 하고 매일 교회에 붙어 사는 사람들은 빨리 집으로 돌아가라. 돌아가서 남편을 잘 섬기고, 아이들을 잘 가르치고, 밥을 열심히 하고, 빨래를 해라. 그게 하나님을 섬기는 것이고 바른 신앙생활이다"라고 설교를 합니다.

이것이 목사님의 설교의 기본적인 주제이기 때문에 남자들이 좋아할 수밖에 없습니다.

그리고 목사님의 설교가 교회에 시간을 많이 투자하지 못하는 현대인들의 부담감을 많이 덜어 주는 것 같습니다. 고달픈 직장인들에게 "왜 교회를 더 섬기지 않느냐, 왜 헌금을 더 하지 않느냐"고 압박만 하는 것이 아니라 이렇게 유연하게 도전합니다.

"당신들은 파송된 선교사다. 그곳에 가서 잘해라. 예배는 하나님을 섬기는 것이다. 그러니까 일상생활 속에서 하나님의 뜻을 바로 실현하고, 하나님이 기뻐하시는 그 삶의 제물을 가지고 하나님께 나아가라. 그때 하나님이 기뻐 받으신다."

우리 교회의 남녀 비율은 거의 5 대 5입니다. 그래서 많은 분들이 샘물교회에 남자 성도가 많다며 상당히 독특하게 생각합니다. 실제로 샘물교회에 남자들이 와서 회심하고, 하나님께 돌아오며, 가정이 복음 가운데 회복되는 일들이 많이 일어나고 있습니다.

**분당 지역에
딱 맞는 목회자**   분당에서 샘물교회를 시작하기 전에 이 지역에 대한 탐색을 많이 했습니다. 조사를 해 보니 분당은 중산층이 많이 사는 지역이었고, 은퇴한 층도 있는 반면, 자녀 교육에 관심이 많은 젊은 학부모들이 많았습니다.

우스갯소리로 "강남의 뺀질이들은 여기에 다 있다"고도 하고, "강북에서 돈 잘 굴리는 사람은 일산에 가 있고 강남에서는 분당에 와 있다"고 말하기도 했습니다.

분당의 겉모습은 이렇지만 이 지역이 척박한 지역인 것은 사실입니다. 손해 보는 것 싫어하고, 힘든 것도 싫어하고, 깊이 관여하는 것도 싫어하는 사람들이 많이 모여 있습니다. 박 목사님은 이런 사람들이 쉽게 접근할 수 있고, 자기도 모르는 사이에 조금씩 빠져들어 모든 생활 속에서 예수 그리스도의 제자로서의 삶을 살아가게 하는 설교를 했습니다.

그런데 설교만으로는 한계가 있습니다. 박 목사님은 설교 외에도 소그룹에 자꾸 들어오도록 유도를 하고, 제자 훈련을 시키면서 이 지역 사람들이 좋아할 만한 일들을 계속 갖추어 나갔습니다. 어떤 분은 목사님이 너무 멀끔하게 잘생겼다고 싫어하는 사람도 있지만, 아주 스마트해 보이는 목사님의 이미지도 이 지역 주민들에게 굉장히 잘 맞지 않나 싶습니다.

한편 목사님의 좋은 점이자 나쁜 점은 강단을 너무 쉽게 개방한다는 것입니다. 어떤 때는 집사님도 설교를 하게 하는가 하면, 신학 공부도 하지 않은 대학 교수님이 와서 설교할 때도 있습니다. 파격적인 일들이 자주 있습니다. 부교역자들에게도 설교 기회를 많이 제공합니다. 여사역자들도 설교에 동참하게 합니다.

아마도 샘물교회처럼 온 천하에 강단을 개방해 놓은 교회도 드물 것입니다. 교인들 입장에서는 싫을 수도 있지만, 목사님의 그런 폭넓은 점을 좋아하는 측면도 있습니다.

샘물교회에 여사역자 한 분이 있었습니다. 합동신학원을 졸업한 이분은 목사 안수를 받고 샘물교회의 교육 목사로 섬겼습니다.

샘물교회에서는 여사역자들이 주일 낮 예배 설교를 함께 합니다. 사실 이런 점 때문에 비판을 받기도 합니다. 그러나 박 목사님은 흔들림 없이 여사역자들을 남성들과 같이 대우하고, 사역하게 하는 분입니다.

목사 임기제와 장로 임기제의 경우도 "그런 것을 왜 하느냐? 안 하는 우리는 뭐가 되냐?" 하는 불평이 있습니다. 사례 문제에 있어서도 샘물교회는 가족 수에 따라 모든 사역자가 똑같이 사례를 받으며, 세금도 아주 철저하게 냅니다. 그런 부분에서 "왜 긁어 부스럼을 만드느냐? 왜 그렇게 어렵게 만드느냐?" 하는 비판을 받습니다.

심지어 어떤 교회들은 장로님을 안 세우고 목사님 혼자서 독주하기도 합니다. 그러나 샘물교회는 장로님들을 계속 세워서 리더십을 목사님 혼자 독점하지 않고 공유하는 방향으로 가고 있습니다. 누구든지 건의하면 그 건의가 채택됩니다. 교회 이름부터 시작해서 가족 예배 형식의 시스템도 평신도들의 건의를 받아서 한 것입니다.

목사님이 가지고 있는 모든 파일을 포기하고 하나님의 인도하심을 받는 대로, 사람들의 이야기를 들으면서 '아, 이건 하나님의 인도하심이구나' 하면 그것을 채택하는 식입니다. 이렇게 유연하게 하나님의 인도하심을 받는 것이 큐티 운동의 장점이 아닌가 싶습니다.

이처럼 하나님의 인도를 그때그때 받아 가면서 하기 때문에 주위로부터는 비판을 받습니다. 같은 목회자들에게서도 상당한 비판의 소리가 있습니다. 그런데 대부분의 비판은 옳지 않다고 봅니다.

샘물교회 초창기에 방송에 소개된 적이 있었습니다. 분립 교회를 하고, 목사 장로 임기제를 하는 샘물교회가 신선해 보였던 것 같습니다.

이런 일로 다른 교회들이 불편하게 생각하기도 하지만 박 목사님의 의도가 마찰이 아님은 물론입니다. 단지 보다 성경적인 건강한 교회를 세우기 위해서 씨름하다 보니까 다른 분들에게는 과격해 보이고, 지나쳐 보이는 점이 있을 수 있다고 생각합니다.

참을 수 없는 동역자 사랑

박 목사님은 부교역자들에 대한 인내와 사랑이 정말 대단한 분입니다. 그래서 샘물교회 부교역자들의 행복지수가 굉장히 높습니다. 어떤 장로님이 우스갯소리로 "박 목사님은 모든 부분에서는 다 참는데 한 가지만 못 참습니다. 자기 새끼 건드리는 건 못 참습니다" 하고 말한 적도 있습니다.

당회에서 유일하게 박 목사님의 목소리가 높아질 때는 부교역자 문제가 논의될 때인데, "장로님들 중 누가 부교역자들을 비판하는 소리가 나오면 박 목사님의 열이 확 오른다"고 장로님들이 얘기할 정도로 부교역자들을 철저하게 보호합니다.

심지어 장로님들이 "다른 교회에서는 받아 주지도 않는 부교역자를 우리가 이렇게 데리고 있어야 되느냐? 교인들을 좀 생각해야 되지 않느냐?" 하는 이야기가 나왔습니다. 그런데 목사님은 "그럴수록 우리가 사람을 만들어서 내보내야 되지 않겠느냐? 그리고 교역자도 가족으로 생각하자" 하면서 감쌌습니다. 기본적인 생각 자체가 다른 것입니다. '다른 교회에 가기 어렵고 힘든 교역자일수록 그 사람을 참고 기다려 주어서 좋은 목회자를 만들어 내보내는 것이 얼마나 보람이냐' 하고 생각하는 분입니다.

그래서 아마도 샘물교회 출신 중에서 앞으로 좋은 목회자들이 많이 나올 거라고 기대합니다.

박 목사님과 함께 인격적인 관계를 만들어 나가며 사역하는 것이 우리 부교역자들이 이제까지 보고 들은 것이고, 그게 실제로 사람을 훨씬 더 움직이게 하는 힘이라는 것을 경험했기 때문에 저도 그런 방식으로 목회를 하려고 합니다. 더불어 사는 공동체를 만들고, 서로 사랑하고 용납하면서 이끌어 가는 교회의 본을 목회자 그룹에서 먼저 보여 줄 때 교인들이 그것을 보고 자연스럽게 목회자들을 존경하게 될 거라고 생각합니다.

이 부분이 제가 박은조 목사님에 대해서 가장 이야기하고 싶었던 부분이고, 또한 이러한 부분이 한국 교회에 던지는 시사점이라고 여겨집니다.

아마 저뿐만 아니라 샘물교회에서 사역하고 있는 교역자들은 다 같은 마음일 것입니다. 다들 어릴 때부터 목사님과의 관계 속에서 자라 왔기 때문에 깡패 논리로 말하면 '자기를 알아주는 사람을 위해서 목숨을 바치는 것' 인데, 우리는 인격적인 관계 속에서 그런 마음이 있습니다.

목사님은 사석에서 제 이름을 부릅니다. 제 아내 이름도 부릅니다. 그래서 대부분의 교역자들도 다 이렇게 허물없는 관계로 지냅니다. 이것이 샘물교회의 건강한 하나의 모습이고, 좋은 교회가 되는 힘의 원천 중 하나라고 생각합니다.

교인들은 담임목사보다는 부교역자들과 주로 만납니다. 큰 교회에서는 담임목사님을 개인적으로 만나는 것이 어렵습니다. 그러므로 부교역자가 진정으로 행복해야 그 즐거움이 교인들에게도 전달됩니다. 그리고 샘물교회는 그 행복이 유통되는 건강한 교회임이 틀림없습니다.

2장_
기다려 주고 같이 가는 리더십 _ 이찬형 교장(샘물중고등학교)

선교지 영국에서의 첫 만남

1989년 여름, 다니던 신학대학을 잠시 휴학하고 아내와 함께 회교권 사역을 위해서 OM 선교사로 런던에 잠시 머물게 되었습니다. 당시 서울영동교회의 담임목사님이었던 박은조 목사님이 영국에서 연구년으로 공부 중이었습니다. 그때부터 시작된 박 목사님과의 만남이 지금까지 이어져 오고 있습니다.

런던에서 사역을 마치고 귀국한 후 서울영동교회에서 신학 장학생으로 시작해서 9년의 세월을 보냈습니다. 그동안 교회와 박 목사님은 저의 인생 여정을 움직인 중요한 축이 되었습니다. 미국 유학을 하고 분당샘물교회에서 3년을 지내면서 박 목사님께 목회를 배우며 사역자로 자라는 축복을 누렸습니다. 제가 지금껏 그분의 후배요, 제자요, 멘티라고 자처하는 까닭은 부족하여 좌충우돌하는 어린 전도사 시절부터 목회가 무엇인지, 그 현장을 하나님 앞에 드리는 목자의 심정과 삶이 무엇인지 배우기까지 그 목회지에 넉넉히 있도록 장을 열어 주고 울타리를 쳐 주었기 때문입니다.

울타리

리더십 이제 막 사역을 배우기 시작한 풋내기 선교사를 박 목사님은 "사역이 끝나면 함께 일하자" 하며 초청해 주었습니다. 2년여 동안의 사역 중에도 전화와 편지 등으로 격려를 보내 주었고, 마침내 선교 사역을 끝내고 돌아오자 우리 부부를 불러 주었습니다. 아내와 함께 이제 남은 신학 공부를 하면서 박 목사님께 목회를 배우기로 하고 서울영동교회의 주일학교 전도사로 사역을 시작했습니다.

아이들을 복음과 함께 하나님의 자녀로 자라 가도록 돕는 일은 신나는 일이었습니다. 학생들을 가르치는 일뿐 아니라 교사들을 훈련하고 학부모들을 교육하는 일까지, 계획하는 일마다 추진되었습니다. 그 다음 사역지는 유치부였습니다. 5분을 집중하지 못하는 유치부 어린아이들에게 하나님의 말씀을 잘 이해하도록, 그러나 복음이 왜곡되지 않도록 가르치는 쉽지 않은 씨름의 시간이었습니다.

그리고 청년회를 맡았습니다. 청년 사역은 또 하나의 독립된 목회지였습니다. 그곳에서 물을 만난 고기처럼 밤낮을 가리지 않고 청년들을 양육하고 돌보는 시간을 보냈습니다. 이렇게 보낸 시간 동안 생각하는 모든 것을 제안할 수 있었고, 계획한 모든 것을 시도해 볼 수 있었습니다. 그 과정에서 사역이 무엇인지 배우고 자랐습니다.

이런 장황한 설명을 하는 것은 그런 장을 제공하고 울타리를 쳐 주는 리더를 만나는 것이 오늘의 목회 현장에서 모든 사역자에게 주어지는 보편적인 구조가 아니기 때문입니다. 하지만 박 목사님은 후배 사역자들이 주어진 장에서 자신의 역량을 발휘하도록 최대한 지원해 주는 분입니다. 비판적인 소리로 힘들어하는 사역자에게 울타리가 되어 주고, 실패를 맛본 사역자에게 또 다른 기회를 제공해 주었습니다. 하나님 앞에 자신의 삶을 드린 목회 후배들이 하나님이 의도하신 모습으로 서 가도록 최대한 자신의 역할을 감당한 분이었습니다.

기다려 주는 리더십

박 목사님과 함께 생활하면서 많은 사역자들을 만났습니다. 그들 중에는 탁월하게 말씀을 잘 전하는 사역자도 있었고, 행정을 잘 아우르는 분도 있었습니다. 청소년들을 한 손에 휘어잡는 사역자도 있었고, 어린아이들을 몰고 다니는 사역자도 있었습니다. 장년 사역에서 전도 훈련과 제자 훈련 등을 탁월하게 해 내는 사역자도 있었고, 노인 사역에서 어르신들의 마음을 사로잡는 사역자도 있었습니다.

그들이 처음부터 그 사역에 전문가이기에 박 목사님이 부른 것은 아니었습니다. 대부분 저처럼 신학교를 다니며 전도사부터 시작했거나, 교회에서 청년으로 자라 헌신하여 신학교에 들어가 사역자로 세워진 사람들이었습니다. 별로 특별한 것이 없는 사람들이었습니다.

그러나 박 목사님은 교회와 성도의 훈련에 필요한 사역들을 하나하나 세워 가면서 모든 사역자에게 가능한 한 다양한 기회를 주었습니다. 좋지 않은 평가를 듣는 사역자도 있었지만 쉽게 그를 판단하거나 내보내지 않았습니다. 결코 박 목사님이 먼저 사역자를 쫓아 보내는 것을 본 적이 없습니다. 열매가 없으면 기다렸습니다. 힘들어하면 쉬게 했습니다. 사역지가 맞지 않으면 다른 기회를 제공해 주었습니다.

함께 사역했던 사역자들 중에서 박 목사님께 고용된 부하 직원으로 느끼거나 교회에 취직된 직원으로 취급받았던 사역자는 한 사람도 없었다고 생각합니다. 교회는 일반 사회의 기업과 다르기 때문에 이는 너무 당연하다고 느낄 것입니다. 저 자신도 당연한 구조요, 관계라고 생각했습니다. 그러나 부교역자들을 직원 이하로 취급하고, 성과에 따라 봉급을 책정하고, 부교역자들 간에 경쟁을 붙이고, 갈등과 알력을 이용하는 교회가 더러 있습니다. 담임목사의 힘을 부교역자들에게 마구 남용하고, 왕의 자리에 군림하는 교회를 주변에서 자주 볼 수 있습니다.

"필요 없는 사역자는 없다. 단지 자신의 자리를 아직 찾지 못했을 뿐이다. 자신을 잘 발휘할 수 있도록 배우고 세워지기까지 기다려 주어야 한다."

이것이 사역자들을 세우신 하나님의 온전한 뜻이라고 믿는 분이 박 목사님입니다.

같이 가는
리더십

박은조 목사님은 이 세대에 교회들이 해야 할 많은 일들을 함께 연대하는 일에 적극 참여했습니다. 북한 동포를 돕는 사업, 선교사와 선교회들을 지원하는 사업, 기독교 학교와 후배들을 양성하는 교육 사업, 청소년들에게 하나님의 꿈과 비전을 심어 주는 사업 등 개 교회가 혼자서 할 수 없는 사업들을 범교회적으로 연합하여 할 때 하나님의 뜻이 우리 민족에게 강력히 드러나도록, 그리고 이 민족이 하나 되어 하나님 앞에서 성실히 반응하도록 함께 힘써 왔습니다.

간혹 교회 밖에서 얻어지는 명예를 좇는 것이라고 색안경을 끼고 볼 수도 있습니다. 그러나 이 일들은 하나님 앞에서 순전한 뜻이 없이는 결코 이루어질 수 없습니다. 개인과 개 교회의 이권을 내려놓지 않고는 지속적으로 진행될 수 없다는 것을 목회자들은 다 압니다.

교회 내에서도 절대 담임목사가 명령하는 리더십이 아니었습니다. 성도들이 참여하고, 교회의 중진 리더들이 뜻을 모아 함께 추진하는 구조를 계속 추구해 왔습니다. 교회의 이름을 짓는 일에서부터 기독교 학교를 추진하는 일에 이르기까지 온 성도가 뜻을 하나로 모아 함께 기도하며 하나님이 이루어 가시는 과정에 동참하게 했습니다. 교회는 담임목사 한 사람의 뜻을 펼치기 위해 많은 성도들이 고용되는 어떤 기관이 아니며, 사역은 목회자 혼자서 할 수 없기 때문입니다.

좋은 아버지,
좋은 남편   영국에서 선교사로 있던 시절, 박 목사님 가정에서 일주일을 함께 지낸 적이 있었습니다. 당시는 목사님의 셋째 아이가 생후 100일가량 됐을 무렵이었고, 둘째가 아장아장 걸을 때였습니다. 매일 저녁이 되면 아이 셋을 욕실에 데려가 박 목사님이 다 씻겨서 내보내는 것을 보았습니다. 비록 목회 현장보다 덜 바쁜 유학 시절이라 가능했을지 몰라도 한국 아버지들에게서 흔히 볼 수 있는 모습은 아니었습니다. 아이들에게 성실한 아버지요, 아내에게 자상한 남편의 모습을 보여 주는 참 아름다운 그림이었습니다.

신혼 시절이었던 저는 '나도 저 정도는 해 내야지' 하고 생각했지만 나중에 우리 아이들을 키우면서 그 일이 정말 쉽게 할 수 있는 일이 아니라는 것을 알았습니다. '한국의 남편', '경상도 남자', 혹은 '목사'라는 이름으로 얼마든지 피해 갈 수 있는데, 박 목사님은 물론 한동안이었겠지만 그 일을 즐겼습니다.

저에게도 가정은 상당히 소중한 가치를 담고 있습니다. 하나님이 이 땅 위에 세우신 행복한 가정의 극치를 맛보고 싶은 강한 소망이 있습니다. 그래서 제 기억의 전시장에 가정에 대한 아름다운 그림들을 소중한 자산으로 차곡차곡 진열해 놓습니다. 그중에서도 "세 아이를 씻기는 아빠"라는 부제를 단 이 그림은 손꼽히는 작품입니다.

박 목사님의 큰딸 주현이가 유치원 시절부터 어른이 된 지금까지 박 목사님의 가정은 가까이서, 혹은 멀리서 늘 제 시야에 들어와 있습니다. 그동안 목사님과 사모님의 모습, 그리고 아이들의 성장 등 많은 변화가 있었습니다. 변화하는 아이들을 거부하지 않고, 성장해 가는 아이들과 때에 따라 대화하며 원리를 제시하는 모습을 요즘도 볼 수 있습니다. 그 그림에 배어 있는 사랑의 손길과 가족에 대한 헌신은 지금도 같은 색조로 전달되고 있습니다.

우리 부부가 박 목사님을 알고 지낸 지난 시간을 뒤돌아보면 그분은 늘 그 자리에 같은 모습으로 있었습니다. 변화를 추구하지만 변질되지 않았습니다. 이름이 알려지면서도 소박한 미소와 따스한 눈길을 간직하고 있는 분입니다. 고급 레스토랑보다 떡볶이를 더 좋아하고, 혼자 있을 때는 라면을 끓이며 행복해하는 분입니다. 그분을 떠올리면 늘 소박한 모습과 인격적인 만남을 기대하게 됩니다.

한국 교회 앞에서

이제 한국 교회는 '박은조 목사' 하면 건강한 교회 운동을 떠올립니다. "교회는 당연히 건강해야 하지 않은가! 교회라면 당연히 건강함과 순결함, 고상함과 정의로움이 내포되어 있어야 하지 않는가!"라고 말하고 싶습니다. 그러나 이 시대에, 이 땅에서 교회는 주님의 크고 아름다운 이름을 더럽히는 기관이 되고 있습니다. 적지 않은 목회자와 성도들이 양적 성장을 부흥이라고 노래하며 균형을 잃어버린 것이 사실입니다. 마치 겉으로 보기에는 화려한 외모가 근사해 보이지만, 가까이에서 보면 공허한 눈빛과 생각 없는 대화에 금방 속이 보이는 병든 사람을 보는 것 같습니다. 한국의 거리에는 그런 모습이 흔하지 않습니까? 한국 교회가 그런 모습으로 변질되어 버렸습니다.

사람들은 하나님이 성도에게 허락하신 고상한 인격을 사모하며, 세상 속에서 변질되지 않고 살아가는 성도와 목사가 있는 교회를 만나고 싶어 합니다. 적어도 저에게는 그런 한 사람이 있습니다. 그리고 그분과 함께 하고 있는 공동체가 그렇게 살기를 기대하며 기도하고 있습니다. 그곳이 저의 영적인 고향입니다.

박 목사님과의 교제는 이 땅에서 남은 시간을 사는 동안 계속될 것입니다. 그리고 박 목사님이 지금껏 보여 준 삶을 목사님과 더불어 업그레이드하며 살아갈 것입니다. 그리스도 앞에서 자신의 길을 달려가는 저의 스승이자 선배인 목사님이 자신의 삶을 지금처럼 살아가 주길 기대하는 눈으로 늘 바라볼 것입니다. 그것이 저의 특권이요, 의무이기 때문입니다. 그리고 저의 여정도 후배들 앞에서 그렇게 살아가기를 소원해 봅니다.

3장_
한국 교회의 신호등 _ 황지영 교수(고려신학대학원)

박은조 목사님과의 만남

박은조 목사님에 대한 글을 시작하기 전 제가 어떻게 목사님을 알게 되었고, 동역하게 되었는지에 대한 소개를 하려고 합니다. 저는 예수님은 믿지만 세상적인 자존심과 명예를 내려놓지 못하는 삶을 살고 있었습니다.

그러던 중 어느 날 군인이었던 남편이 대간첩 작전 중 순직했고, 저는 네 살과 한 살 된 두 아이들을 홀로 키워야 하는 상황이 되었습니다. 저는 혹독한 인생 수업을 받으면서 서서히 제 자존심을 지키는 것보다 주님의 자존심을 지켜 드리는 일을 더 중요하게 여기게 되었습니다. 그러한 마음이 저를 기독교 교육학과 신학대학원 학위 과정으로 이끌었습니다.

신학대학원 마지막 학년 수련회에서 설교자로 온 박 목사님을 처음 뵙게 되었습니다. 목사님의 말씀 선포는 상처와 억울함으로 가득한 저의 심령을 두들기는 메시지로 다가왔습니다. 그러면서 어렴풋이 소망했습니다.

'언젠가 저분의 교회에 가서 사역할 날이 있을까?'

이러한 제 소망은 결국 10년이 안 되어 현실로 찾아왔습니다. 2001년 저는 다시 영혼의 어두운 밤을 보내고 있었습니다. 사역자로서 완전히 소진되어 더 이상 버틸 자신이 없었습니다. 그러다가 결국 기도회 인도 후 쓰러져 병원에 입원했습니다. 그때부터 샘물교회로 오고 싶은 마음을 2년간 기도드리면서 키웠습니다. 그리고 2003년 사역을 내려놓으려 했던 가장 힘든 순간에 박 목사님을 다시 만나게 되어 동역자로 섬겼습니다.

그때부터 박 목사님과 사역을 하면서 또다시 십수 년의 시간이 지나갔습니다. 그동안 저와 저의 자녀들은 박 목사님의 양육을 받으며 성장했습니다. 그리고 제 삶의 사선을 함께 넘어온 동지인 첫딸이 작년에 박 목사님의 주례로 목회자와 결혼을 했습니다. 또한 제 생의 면류관과 같은 아들 역시 판교샘물교회에서 박 목사님의 슬하에서 목회자로 키워지고 있습니다. 박 목사님을 생각할 때마다 진심 어린 감사가 마음속에 가득해집니다.

부교역자들을 섬겨 온 목사님

박 목사님은 부교역자들을 섬겨 온 분입니다.

'담임목사가 부교역자들을 섬긴다?'

이러한 표현 자체가 매우 생소하게 느껴지는 것이 한국 교회의 안타까운 정황입니다. 한국 교회는 부교역자들로부터 알맹이를 빼먹으려고는 하지만 투자하거나 격려하여 신명 난 섬김을 도출해 내는 데는 별반 성공적이지 못한 것 같습니다. 아니, 어쩌면 그것이 어찌할 수 없는 목회적 현실이 아닌가 하는 생각도 듭니다. 성도들이 너무도 귀하고 소중하기에 그들에게만 몰입하게 되기 때문입니다.

하지만 박 목사님은 성도들뿐만 아니라 부교역자들까지도 진심으로 존중하고 아끼며 사랑해 주었습니다. 목사님 곁에 있는 사역자들은 행복해져서 결국 신명 나게 일하게 됩니다.

목회 후배인 부교역자들을 위한 박 목사님의 기도는 이러했습니다.

"하나님 아버지, 저희를 동역자로 묶어 주셔서 감사합니다. 저희 각자가 행복하게 사역하는 목회자가 될 수 있도록 도와주시옵소서. 저희는 모두 허물이 많은 사람들입니다. 그러나 그 허물이 너무 커서 성도들이 걸려 넘어지는 일이 일어나지 않도록 저희를 불쌍히 여겨 주시옵소서."

목사님의 간절한 기도 소리가 귀에 생생하게, 따뜻하고도 가슴 뻐근한 감동으로 밀려옵니다. 사역자들의 모임을 마칠 때쯤이면 배달된 점심 식사를 손수 차려 주며 식탁을 베푸는 모습도 저에게 큰 교훈이 되었습니다.

목사님의 섬김을 누려 온 부교역자로서 잊지 못할 일이 하나 있습니다. 제가 샘물교회의 사역자로 부임한 지 6년쯤 되었을 때입니다. 당시 저는 누적된 과로로 인해 탈진 상태였기 때문에 쉼을 갈망했습니다. 샘물교회의 내규에 부교역자들도 6년의 사역 후 연구년을 갖도록 되어 있었지만 감히 안식년을 요청할 엄두가 나지 않았습니다.

'어떤 교회가 부교역자에게 안식년을 베풀어 줄 수 있겠는가? 부교역자의 안식년은 곧 사직을 의미하는 것이 아닌가?'

그러나 저는 용기를 내기로 했습니다. 그 이유는 목사님이 사역자들을 소모품처럼 여기지 않는다는 것에 대한 확신이 있었기 때문입니다. 그러자 목사님은 "전도사님, 부임하신 지 벌써 6년이 되었나요?" 하면서 당회를 통해 안식년을 허락해 주었습니다.

안식년에 미국으로 연수를 떠나게 되었습니다. 비행기가 이륙할 때 제가 얼마나 큰 배려를 목사님과 교회로부터 받아 누려 왔는지를 생각하니 가슴이 먹먹했습니다. 돌아가면 샘물교회를 위해 뼈가 부서져라 헌신하리라는 다짐도 했습니다.

여사역자들의 목사님

박 목사님은 여사역자들을 차별하지 않았습니다. 어느 사역자나 다 그러하겠지만 저 역시 하나님의 특별한 부르심이 있다고 생각하고 신학의 길에 들어섰습니다. 그리고 남성과 여성에게 동등하게 제공되는 커리큘럼으로 학업을 했습니다. 하지만 교회 현장에 나갔을 때 남성 사역자와 여성 사역자는 동등하게 여겨지지 않는다는 사실을 곧 알게 되었습니다. 가부장적인 교회 문화 안에서 여전도사로 사역하며 버틸 자신이 없었습니다.

그러던 중 박 목사님이 시무하는 샘물교회에 여전도사로 지원을 하게 되었습니다. 면접 과정에서 목사님이 처음 던진 질문 중 하나를 잊을 수 없습니다.

"여성 목사 안수에 대해서 어떻게 생각하십니까?"

저는 그 질문에 대해 제 생각을 여과 없이 말씀드렸습니다. 이 일로 면접에서 떨어질 수도 있겠다는 생각도 들었지만 진정한 소통이 이루어지고 있다는 느낌이 들었고, 인터뷰 내내 가슴속이 뻥 뚫리는 경험을 했습니다.

그런 저의 답변에도 불구하고 저는 여전도사로 받아들여졌습니다. 사역하는 동안 여전도사이기 때문에 겪게 된 어려움이나 갈등은 없었습니다.

"여성이 주일 강단에서 설교를 해도 되는가? 여성이 장례식을 집례해도 되는가?"

이런 질문은 박 목사님의 사역에 없었습니다. 남성 목사들과 동일하게 사례를 지불해 주었고, 동일하게 사역을 맡겨 주었습니다.

성도를 동역자로 보는 목사님

박 목사님은 성도를 동역자로 바라보는 분

입니다. 평신도는 목회의 대상이기도 하지만 목회의 동역자이기 때문에 그들의 공감대를 이끌어 내지 않는 사역을 펼친 적이 없다고 해도 과언이 아닙니다. 철저하게 성도들과 먼저 의논하고, 그들로부터 공감대를 끌어내어 시간이 걸리더라도 사역의 주인의식을 성도들에게 심어 줌으로 언제나 기쁘게 헌신할 수 있는 여지를 만들어 주었습니다.

누구에게든지, 어떤 의견이든지 '하나님이 어떻게 생각하실까?'를 생각하며 이루어 나갔습니다. 샘물교회라는 이름을 지을 때도 성도들과 의논해서 가장 많은 사람들의 마음을 이끌어 내어 결정했습니다. 가정 교회를 시작할 때도 2년을 성도들과 함께 기도했고, 공부했고, 마음을 같이했습니다. 샘물초등학교를 만들 때도 리더들과 함께 국내 유수의 대안학교들을 찾아다니며 공부했고, 교회에서 수년간 수십 차례의 모임과 강연과 비전 토론을 통해서 기독교 학교 운동을 이끌어 냈습니다.

지금까지 박 목사님이 이끌었던 사역과 비전은 그 근간에 늘 성도들의 주인의식이 있었고 그들의 공감이 있었습니다. 어떤 권위주의도 없었고, 담임목사로서의 야망도 없었습니다. 그렇다 보니 어디서든, 언제든, 또 누구에게든 할 말을 다 했습니다. 누구의 눈치도 보지 않고 오직 하나님의 눈치만 본 분이라고 생각됩니다.

대안적 교회를
일구어 오신
목사님

한국 교회의 문제들과 아픔들이 곳곳에서 노출되고 있고, 한국 교회에 대한 우려의 소리 또한 높아져 가고 있습니다. 지금 한국 교회에 필요한 것은 자성(自省)적 태도입니다. 이제는 외형만 거대해진 성인아이와 같은 모습에서 벗어나 성숙함과 생명력을 회복할 때입니다. 이를 위해 우리는 대안적 교회에 대한 비전을 제시하고, 그것을 일구기 위해 땀을 흘리며 모범을 보일 '산 증인'을 필요로 합니다. 그러한 산 증인이 있을 때 그 영향력이 한 사람 한 사람을 통해 공동체 전체로 퍼져 나가게 될 것입니다.

박 목사님은 대안적 교회를 일구기 위한 삶을 살았습니다. 목사님은 늘 교회가 이 땅의 소망이 되어야 한다고 말했습니다. 그리고 우리 공동체가 그것을 위한 대안적 삶을 살아야 한다고 강조했습니다. 목사님의 가르침을 따라 우리는 세상이 교회에 소망을 두지 않을 때에도 교회를 소망했습니다. 샘물교회를 통해 이루어진 기독교 대안학교 설립과 장애인 복지사역 등은 목사님의 목회 철학을 여실히 보여 주는 예입니다.

장로 권사
임직식

대안적 교회를 향한 목사님의 노력은 교회 곳곳에서 발견됩니다. 그중 하나가 독특한 장로 권사 임직식 전통입니다. 샘물교회에서는 장로나 권사가 임직을 받을 때 그 어떤 선물도 교회에 하지 않습니다. 오히려 교회에서 임직자에게 선물을 준비해 드리고, 하객을 위한 식사를 마련합니다. 그 이유는 임직자가 하나님의 종으로 부르심을 받는 날이기 때문에 그들을 격려해야 한다고 생각하기 때문입니다.

때로는 외부로부터 안타까운 소식을 듣기도 합니다. 장로나 권사가 되기 위해 과열된 선거 운동을 하고, 임직식 때 교회에 성의를 표하기 위해 큰 부담을 안아야 하는 교회의 문화가 싫어서 임직을 고사하는 분들이 있다는 것입니다. 이런 문화 속에서는 장로나 권사가 되면 교회를 온전케 하는 기능을 감당하기보다는 어떤 위치를 차지하는 것으로 여겨 교회에 권위주의적인 영향력을 끼치려 하게 될 것입니다.

샘물교회는 임직식 때 권력을 얻게 되는 것이 아니라 하나님의 종으로서 사역을 시작하게 되는 것이라는 점을 분명히 합니다.

목사 장로

임기제 무엇보다도 박 목사님은 이 세상의 소망이 될 대안적 교회를 일구기 위해 스스로 기꺼이 '비움'을 실천했습니다. 목사님은 한국 교회의 사유화 현상에 대하여 늘 가슴 아파했고, 늘 자기 자신을 경계했습니다. 그래서 샘물교회를 개척하면서 하나님과 성도들 앞에서 퇴임 시기에 대해 미리 약속을 했습니다. 그리고 그 약속을 지키기 위해 오히려 임기를 몇 달 앞두고 후임 목사님의 사역을 편안

하게 해 주려고 훌훌 떠났습니다.

결코 쉽지 않은 결단이었음을 우리 모두가 알고 있었습니다. 생명을 다해 사랑하고 돌봐 온 교회를 뒤로하고 떠나가는 목사님의 발자국마다 골고다 언덕의 핏기가 배어 있는 듯했습니다. 그렇지만 결국 목사님은 자신을 비워 내고야 말았습니다. 주님이 가라 하실 때 가고, 서라 하실 때 멈춰 서면서……

우리는 목사님을 통해 갈라디아서 2장 20절 말씀이 어떤 삶을 의미하는지 깨닫게 되었습니다.

> "내가 그리스도와 함께 십자가에 못 박혔나니 그런즉 이제는 내가 사는 것이 아니요 오직 내 안에 그리스도께서 사시는 것이라 이제 내가 육체 가운데 사는 것은 나를 사랑하사 나를 위하여 자기 자신을 버리신 하나님의 아들을 믿는 믿음 안에서 사는 것이라"(갈 2:20).

2011년 목사님의 임기 1년을 앞두고 온 교회가 청빙 모드로 들어갔습니다. 담임목사가 버젓이 있고, 아직 실제로 임기가 2년이나 남은 상황이었습니다. 2011년 1년은 청빙을 하고, 2012년 1년은 청빙되어 온 2대 목사님과 함께 동역하는 것으로 계획되어 있었습니다. 동역 기간 동안 하나님이 샘물교회에 주신 건강한 영성이 다음 세대의 목사님께 잘 흘러가게 하려는 의도였습니다.

기득권을 가진 선임 목사님이 교회를 사유재산인 양 착각하여 교회를 내려놓기 어려워하고 아까워하며 온갖 추태를 보이는 경우가 우리 주변에 많았습니다. 그러나 박 목사님의 샘물교회에 대한 처사는 포기도, 방임도 아니었습니다. 다만 하나님께 대한 경외함과 순복함만이 목사님의 마음을 차지했던 것 같습니다.

그러나 적지 않은 사람들이 기득권을 다 내려놓고 선뜻 당회의 뜻에 순종하여 물러가는 목사님을 향해 오해를 했습니다.

"왜 그렇게 무책임하게 가 버립니까? 그동안 해 오던 사역이 잘 연결되지 않으면 어떻게 합니까?"

하지만 목사님은 그것조차 하나님께 맡기겠다고 했습니다. 철저한 하나님 주권 사상이었습니다. 그러나 이 글을 쓰고 있는 지금 왜 이렇게 가슴이 먹먹하고 눈물이 나는지 모르겠습니다. 저는 역시 아직도 목사님의 내공을 따라가려면 먼 것 같습니다. 아직도 이 땅이 아쉽고, 사역이 아깝고, 성도들이 안쓰러워 조금이라도 더 보듬고 책임져야 할 것 같은, 연연해하는 마음이 있습니다.

영혼 구원을
열망하는
울보 목사님   박 목사님을 멀리서 뵈면 매우 강직해 보입니다. 그 이유는 목사님이 강한 의지력으로 흔들림 없이 소명의 길을 걷기 위해 애쓰기 때문입니다. 목사님의 카리스마 있는 모습으로 인해 많은 남성도들이 목사님을 좋아합니다. 샘물교회의 성도들을 심방해 보면 남편이 박 목사님과 설교를 매우 좋아해서 교회에 오게 되었다는 고백을 많이 듣습니다.

하지만 박 목사님을 가까이에서 오랜 기간 동안 뵙게 되면 그분의 가난한 심령을 느끼게 됩니다. 목사님은 세상을 향한 분명한 메시지를 조금의 타협도 없이 선포합니다. 그런데 말씀을 선포하면서 자주 눈물을 흘립니다. 목사님 때문에 예배드리고 돌아가는 성도들의 눈이 빨개질 때가 많습니다. 목사님의 설교는 이렇게 강직하면서도 동시에 따뜻하고 여린 부분이 있습니다. 이 점 때문에 성도들이 목사님을 그리도 흠모하는 것 같습니다.

성도들은 알고 있습니다. 목사님이 자신의 옷은 몇 차례 세탁소에서 꿰매 입으면서도 타인들을 향해 베푸는 긍휼의 손길은 멈추지 않는다는 것을……. 샘물의 모든 가족들은 목사님의 눈물을 먹으며 자라 왔습니다.

특히 목사님은 잃어버린 영혼들을 하나님 앞으로 인도하기 위해 많이도 울었습니다. 목사님의 시선은 늘 잃어버린 영혼들에게 고정되어 있었습니다. 사실 샘물교회는 전도와 교회 성장에 큰 어려움이 없었습니다. 매주 새로운 사람들이 몰려왔기 때문입니다. 그러나 목사님의 생각은 달랐습니다. 아직도 분당에 예수님에 대해 한 번도 들어 보지 못하고 죽어 가는 사람들이 많다는 것이 목사님의 안타까움이었습니다. 아파트 한 집 건너 한 집마다 교패가 붙어 있지만 아직도 예수님을 모르는 사람들이 있다는 것입니다.

목사님은 그들 중 한 사람이라도 얻는 교회를 만들기 위해 2007년부터 샘물교회로의 수평 이동을 금지했습니다. 그리고 교회에 대한 이질감으로 어려움을 겪게 될 사람들을 돕기 위해 가정 교회 시스템을 도입했습니다. 영혼을 향한 목사님의 간절함 덕분에 샘물교회는 교회의 유지와 성장에 혈안이 되지 않고 구원의 방주로서의 사명에 집중할 수 있었습니다.

**가정 교회와
아프간 피랍 사건**   박 목사님이 첫 번째 안식년을 마치고 2004년 여름에 돌아와서 시작한 것은 샘물교회의 제2기 사역을 '비전 2010'으로 세운 것이었습니다. 리더들이 연구하고, 토의하고, 기도하고, 수많은 현장들을 방문했습니다. 목사님은 아직도 분당에 예수님을 한 번도 소개받지 못해 죽어 가는 사람이 있다는 말을 반복해서 했습니다. 교회가 교회다우려면 이제는 수평 이동은 그만해야 한다고 했습니다. 그러기 위해서 어떻게 해야 하는지 공부하고, 또 기도했습니다.

　2005년과 2006년 2년 동안 복음을 들어 보지 못한 분당 지역의 사람들을 향한 대사회 전도를 어떻게 해야 하는지에 대한 논의가 진행되었습니다. 셀 그룹, 알파, 두 날개, 가정 교회 등 여러 채널들을 공부하면서 깨닫게 되었습니다. 그동안 하나님이 샘물교회를 제자 훈련 받게 하셨고, 가정과 이웃을 소중히 여기는 교회가 되게 하셨고, 개인과 가정이 건강하게 세워져 회복되는 일에 전력하게 하셨습니다. 여기서 한 걸음 더 나아가 그 가정이 교회가 되어 주변의 이웃을 초청하고, 삶을 나누고, 그 작은 공동체에서 예수 그리스도로 회복되어 예수님이 삶의 주인이 되셔서 세상 가운데 존재하게 하는 데 쓰임 받게 하셨습니다.

2년의 준비 기간을 거친 후 2007년 2월, 수평 이동을 금지하고 가정 교회로 교회 시스템을 완전히 바꾸었습니다.

6개월 후 샘물교회는 아프간 피랍 사건을 만났습니다. 하나님이 참으로 원망스러웠습니다. 교회가 교회 되기 위해, 진정으로 복음을 전하기 위해 수평 이동을 금지하고 영혼을 구원하여 제자 삼는 이 멋진 일을 시작했는데 아프간 피랍이라니 이해할 수 없었습니다. 칭찬을 들어도 시원치 않을 판에 이런 황망한 일을 당하다니! 42일을 매일 밤 기도했습니다.

처음에는 울었습니다. 억울해했습니다. 수많은 비난과 욕설이 난무하는 한복판에서 견뎌 내는 목사님을 보았더니 '목사님이 쓰러지는 것은 아닌가?' 싶을 정도로 깊이 통곡했고 서러워했습니다. 안 그런 척, 잘 참는 척하지 않았고, 휘청거렸고, 좌절했고, 무너져 내리는 것 같았습니다. 그 속에서 진정 성도 한 사람 한 사람을 자신의 수족과 같이, 살붙이, 피붙이로 생각하는 목사님의 마음을 엿볼 수 있었습니다.

피랍자 가족들이 교회로 몰려들었습니다. 그도 그럴 것이, 어디에도 항의할 데가 없었던 그들은 교회에서 내 아들과 딸을 위해 울 수밖에 없었습니다. 교회는 그들을 위한 거처를 마련했고, 그들과 함께 살았고, 잠을 잤고, 밥을 먹었고, 그리고 울었습니다. 한 사람이 죽었고,

며칠 후 또 한 사람이 죽었습니다. 우리도 그때 죽었습니다. 이제 또 얼마나 내 혈육이 죽어 갈지 단말마의 고통을 겪으며 우리는 그때부터 산 순교적인 삶을 살 수밖에 없었습니다. 42일간 아프간 사건을 겪은 샘물교회 성도들은 가족이 될 수밖에 없었습니다. 사지로 자녀를 내보낸 우리 모두는 똘똘 뭉쳐 세상의 비난에 맞서 서로를 위로할 수밖에 없었습니다.

처음에 가족을 보내지 않은 우리가 피랍자 가족들 틈에 끼어 있을 때 그들은 우리를 백안시했고, 의심했고, 억울해했습니다. 당연했습니다. 그러나 그들과 함께 울고, 그들과 함께 기도하고, 그들과 함께 두려워하고, 그들과 함께 소망을 가졌을 때 우리는 친구를 넘어서 식구가 되고 있었습니다. 진정한 가정 교회가 되고 있었던 것입니다.

그들이 돌아왔습니다. 그 어떤 사람도 그들에게 질문하지 않았습니다. 그냥 "잘 왔다. 고생했다. 얼마나 힘들었냐. 수고했다. 쉬어라. 너희가 돌아와서 너무 기쁘다" 하고 말하며 무조건 수용했고, 감사했고, 그리고 용납했습니다. 그들이 스스로 피랍 이야기를 할 수 있을 때까지 그 어떤 간증 집회나 상담 연구 사례로부터도 그들을 차단하고 보호했습니다.

그리고 조용히 사회를 향한 복지 사역이 시작되었습니다. 우리 자식들을 살려서 보내신 하나님께 감사하며, 우리 자식들을 살리기 위해서 애써 준 사회와 이웃들에게 감사하며 우리 이웃을 향해 눈을 돌리기 시작했습니다. 그래서 시작된 사역이 사랑마루 사역입니다.

우리 이웃에 밥을 먹지 못하는 사람들이 많이 있었습니다. 물론 어떤 사람들은 그들에게 그냥 밥을 먹이면 그들을 더 망가지게 한다고도 했습니다. 그 말은 맞는 말일지는 모르지만 따뜻하지도 않고, 주님이 기뻐하시지도 않는 말입니다. 스스로 밥을 만들어 먹을 수 있을 때까지, 밥을 먹을 수 있도록 돕다 보니 공동체 사역들이 시작되었습니다.

한국 교회의

신호등 위조지폐를 가려내는 전문가가 되기 위한 훈련은 끊임없이 진짜를 만져 보는 일이라고 합니다. 많은 사람들이 교회가 타락했다고, 교회가 더 이상 우리의 소망이 되지 못한다고 탄식하고 있습니다. 비판하고, 무시하고, 욕하면서 '절대로 교회가 변화될 것이라는 기대는 하지 말아야 한다'고 생각하는 사람도 있습니다.

그러나 진짜 교회, 건강한 교회를 세우고, 그 교회를 통해서 선한 영향이 흘러가게 하는 일이 절실하게 필요한 때입니다. 박 목사님의 사역이 바로 그런 역할을 했다고 생각합니다. 비전을 제시하고, 바른 모범을 보이고, 몸으로 그 삶을 살아 내는 리더가 있을 때 그 영향은 한 사람에서 또 한 사람으로 퍼져 나갑니다.

샘물교회에서 박 목사님의 리더십에서 배운 것이 있다면 비판과 판단이 아니라 긍정과 격려였습니다. 늘 교회가 이 땅의 소망이라고 했습니다. 우리가 그 대안이 되어야 한다고 했습니다. 사람들은 교회를 소망하지 않았지만, 우리는 교회를 소망했습니다.

우리는 어쩔 수 없이 신호등과 같이 드러나 있을 수밖에 없습니다. 더 이상 우리를 숨길 수도 없고, 감출 수도 없습니다. 그렇다면 주님 말씀하실 때 가고, 주님 말씀하시면 멈춰 설 수 있어야 할 것입니다. 주님보다 세상이 더 힘이 세고, 주님보다 돈과 권력과 세상에서 얻고 싶은 명예가 더 힘이 세다면 어떻게 한국 교회가 세상의 신호등 역할을 할 수 있겠습니까?

샘물교회와 저는 그동안 참 행복했습니다. 좋은 목자와 함께할 수 있었기 때문입니다. 이것은 늘 하나님께 드리는 감사의 고백입니다. 목사님이 샘물교회를 훠이훠이 떠나가는 뒷모습을 바라보는 우리의 마음은 참으로 안타까웠습니다. 왜냐하면 목사님으로부터 받은 사랑을 갚을 마땅한 방도를 찾지 못했기 때문입니다. 다만 한 가지 소망이 있다면, 목사님을 통해 뿌리내린 샘물 공동체의 아름다운 모습들이 더욱더 자라나서 이 땅의 소망이 되는 일에 한마음으로 노력하는 우리가 되었으면 합니다.

에필로그

교회가 이 땅의 소망이 되길 꿈꿉니다

2012년 4월 1일 주일, 샘물교회에서 파송 받은 성도 150명과 판교 샘물교회에서 파송 받은 성도 20명이 함께 모여 은혜샘물교회의 역사적인 첫 예배를 드렸습니다.

은혜샘물교회는 "모든 사람을 예수 그리스도의 제자로 삼기 위해 존재한다"는 사명을 가지고 "주님의 몸 된 교회를 세워 가는 분립 개척 운동의 꿈을 이어 가며, 가정 교회를 통한 제자 훈련을 계속한다"는 비전을 가지고 지역 사회를 아름답게 섬기는 교회가 되기를 소망하고 있습니다.

글을 마치는 지금, 글을 시작할 때에는 상상도 하지 못했던 일들이 많이 벌어졌습니다. 지난 1월 25일 동백 상하동 땅 8,000평을 학교와 교회 부지로 주신 것이 대표적인 사건입니다. 건축이 시작되었고, 내년 7월이면 샘물중고등학교와 은혜샘물교회가 그곳으로 이사를 하게 됩니다.

동백으로 부르심을 받고 온 지 불과 10개월밖에 되지 않은 시점이었지만, 주께서 놀라운 방식으로 허락하셨습니다. 이는 주께서 기독교 학교 운동에 있어서 실험 학교와도 같은 샘물중고등학교에 은혜를 베푸시는 것이라 믿습니다. 우리가 기도한 것 이상으로 응답하시는 하나님의 은혜를 다시 한 번 경험하게 하셨습니다. 하나님을 찬양합니다.

그러나 역시 중요한 것은 성장보다 성숙입니다. 규모도 중요하지만 그 속에 담긴 내용물이 더 중요합니다. 결과도 중요하지만 과정을 하나님이 기뻐하시는 방식으로 만들어 가는 것이 더 중요합니다. 하나님의 위대한 교회는 규모에 있는 것이 아니고 하나님을 닮는 내용물에 있기 때문입니다.

많은 사람들이 교회가 타락했다고, 교회가 더 이상 우리의 소망이 되지 못한다고 탄식하고 있습니다. 그러나 교회는 진정 이 땅의 소망입니다. 우리는 세상이 교회에 소망을 두지 않을 때도 교회가 이 땅의 소망이 되기를 꿈꿔야 합니다. 우리가 그 대안이 되어야 합니다.

오늘 우리 시대의 교회가 하나님을 더욱 닮아 거룩한 교회가 되기를 소망합니다. 성도들이 거룩한 성도들이 되기를 소망합니다.

주께서 한국 교회를
불쌍히 여겨 주시기를 기도하면서
박은조

사명선언문

너희가 흠이 없고 순전하여……세상에서 그들 가운데 빛들로
나타내며 생명의 말씀을 밝혀 _ 빌 2:15-16

1. 생명을 담겠습니다
만드는 책에 주님 주신 생명을 담겠습니다.
그 책으로 복음을 선포하겠습니다.

2. 말씀을 밝히겠습니다
생명의 근본은 말씀입니다.
말씀을 밝혀 성도와 교회의 성장을 돕겠습니다.

3. 빛이 되겠습니다
시대와 영혼의 어두움을 밝혀 주님 앞으로 이끄는
빛이 되는 책을 만들겠습니다.

4. 순전히 행하겠습니다
책을 만들고 전하는 일과 경영하는 일에 부끄러움이 없는
정직함으로 행하겠습니다.

5. 끝까지 전파하겠습니다
모든 사람에게, 땅 끝까지, 주님 오시는 그날까지
복음을 전하는 사명을 다하겠습니다.

서점 안내

광화문점 서울시 종로구 새문안로 69 구세군회관 1층
02)737-2288(T) 02)737-4623(F)

강남점 서울시 서초구 신반포로 177 반포쇼핑타운 3동 2층
02)595-1211(T) 02)595-3549(F)

구로점 서울시 구로구 시흥대로 577 3층
02)858-8744(T) 02)838-0653(F)

노원점 서울시 노원구 동일로 1366 삼봉빌딩 지하 1층
02)938-7979(T) 02)3391-6169(F)

분당점 경기도 성남시 분당구 황새울로 315 대현빌딩 3층
031)707-5566(T) 031)707-4999(F)

신촌점 서울시 마포구 서강로 144 동인빌딩 8층
02)702-1411(T) 02)702-1131(F)

일산점 경기도 고양시 일산서구 중앙로 1391 레이크타운 지하 1층
031)916-8787(T) 031)916-8788(F)

의정부점 경기도 의정부시 청사로47번길 12 성산타워 3층
031)845-0600(T) 031) 852-6930(F)

인터넷서점 www.lifebook.co.kr